VITOR GROPELLI

A CRUZ DOS RECASADOS

Editora
AVE-MARIA

© 2001 by Editora Ave Maria. All rights reserved.
Rua Martim Francisco, 636 – CEP 01226-000 – São Paulo, SP – Brasil
Tel.: (11) 3823-1060 • Fax: (11) 3663-5305
Televendas: 0800 7730 456
editorial@avemaria.com.br • www.avemaria.com.br

ISBN: 978-85-276-0901-0

Printed in Brazil – Impresso no Brasil

3. ed. – 2008 - Nova capa

Capa: Carlos Eduardo P. de Sousa

Dados Internacionais de Catalogação na Publicação (CIP)
(Câmara Brasileira do Livro, SP, Brasil)

Gropelli, Vitor
A cruz dos recasados / Vitor Gropelli. – São Paulo: Editora
Ave-Maria, 2001.

ISBN: 978-85-276-0901-0

1. Divorciados - Vida religiosa 2. Igreja - Trabalho com recasados
3. Recasados - Vida religiosa 4. Recasamento - Aspectos
religiosos - Cristianismo I. Título. II. Série.

01-0197   CDD-261.83584

Índices para catálogo sistemático:
1. Igreja e recasados: Teologia social: Cristianismo   261.83584
2. Recasados e Igreja: Teologia social: Cristianismo   261.83584

Diretor-Presidente: Nestor A. Zatt
Diretor Administrativo: Luiz Claudemir Botteon
Diretor Editorial: Américo Romito
Diretora Adjunta: Silvia Regina Villalta
Coordenadora de periódicos: Gilda T. H. Cinquepalmi
Supervisor Editorial: J. Alves
Preparação e revisão de textos: Luiz Thomazi Filho e Oneide M. M. Espinosa
Diagramação: Laura Alexandra Pereira

Esta obra foi composta e impressa na indústria gráfica
da **EDITORA AVE-MARIA**
Estrada Comendador Orlando Grande, 88 – 06833-070
Embu, SP – Brasil – Tel.: (11) 4785-0085 • Fax: (11) 4704-2836

 **Dom Geraldo Majella Agnelo**
Arcebispo de São Salvador da Bahia

A CRUZ DOS RECASADOS

Com a *Gaudium et Spes* a Igreja assumiu a missão sagrada de apresentar-se ao mundo como consoladora dos que sofrem. As palavras iniciais desta Constituição Pastoral são um marco que norteia a vida de todos os que levam a sério a mensagem do Evangelho: "*As alegrias e as esperanças, as tristezas e as angústias dos homens de hoje, sobretudo dos pobres e de todos os que sofrem, são também as alegrias e as esperanças, as tristezas e as angústias dos discípulos de Cristo. Não se encontra nada verdadeiramente humano que não lhe ressoe no coração*" (GS 1).

Colocando a palavra *famílias* em lugar de *homens* e *discípulos de Cristo*, temos uma aplicação do texto à realidade dramática enfrentada pela família em nossos dias. Tornou-se fácil demais o desmoronamento do lar e o abandono dos filhos seguido de um novo casamento. Quando o divórcio entrou na legislação do Brasil e de outros países se fez festa como se a sociedade tivesse conquistado a copa do mundo. A euforia de uma falsa conquista navega num mar de lágrimas e de sofrimentos. É impossível contar quantas vítimas os lares desajustados deixam para trás.

O novo casamento dos cônjuges separados pode ser a solução mais prática para adultos em busca de uma compensação afetiva, mas cria efetivamente sérios problemas para os filhos e para a Igreja, que se vê às voltas com inúmeros batizados os quais foram infelizes no matrimônio e, após a separação, assumiram uma nova convivência conjugal e familiar. A Igreja está praticamente sozinha na luta para acudir os fracassados e os recasados. As feridas abertas nas famílias desfeitas estão diante dela assim como o pedido cada vez mais freqüente dos recasados para terem acesso à Eucaristia. A Igreja encontra-se entre as palavras de Cristo (Mt 19,9: "*Quem se divorciar de sua mulher, a não ser em caso de fornicação, e casar-se com outra, comete adultério*") e a dor de seus filhos. Ela tem de escolher e escolhe, mas sua opção não agrada e não pode agradar, pois a fidelidade a Cristo a obriga a assumir atitudes anticonformistas e a afirmar sempre que "*o homem não deve separar o que Deus uniu*" (Mt 19,6).

Porém, o que a Igreja faz é não abandonar as pessoas que vivem nesta situação de cristãos recasados. Certamente, ela tem dó dos doentes, mas não pode dar a eles os remédios que pretendem quando ela sabe que os remédios solicitados poderiam prejudicar ainda mais a saúde das pessoas. O livro do Pe. Vitor Groppelli põe em evidência a dor dos divorciados recasados e dos pastores e sugere algumas considerações para amenizar o sofrimento de todos. Existem muitas publicações sobre o mesmo tema. Este livro vem se somar a outros e dá a sua contribuição para que os fiéis que vivem esta incômoda situação possam encontrar uma palavra de conforto. Felizmente, no Brasil, muitas dioceses assumiram com proveito o trabalho pastoral em favor dos fiéis recasados e de suas famílias. Os resultados não são milagrosos, mas animam a seguir no diálogo com todos permanecendo fiéis à Palavra do Senhor.

A cruz não pesa somente nos ombros dos recasados que buscam a Eucaristia e não podem recebê-la, mas também no coração da Igreja a qual não pode abrir mão da indissolubilidade do matrimônio que Cristo lhe confiou. Como diz o papa João Paulo II, o divorciado recasado não deixa de ser membro querido da Igreja. A pastoral dos cristãos em novas núpcias é um desafio que a Igreja assume com carinho. Ela faz de tudo para que ninguém se sinta excluído por ela e viva às margens da proposta de Cristo. A todos os recasados, ela repete as palavras do divino Mestre: "*Vinde a mim, vós todos que estais aflitos sob o fardo, e eu vos aliviarei. Tomai meu jugo sobre vós e recebei minha doutrina, porque eu sou manso e humilde de coração e achareis o repouso para as vossas almas. Porque meu jugo é suave e meu peso é leve*" (Mt 11,28-30).

Salvador, 8/12/00

D. GERALDO M. AGNELO
Arcebispo de Salvador – Bahia
Primaz do Brasil

Sumário

Introdução 9

Capítulo I – Gravidade do problema

A família está doente 13
Rumo a uma nova pastoral 16
Em busca de uma saída 18
E os filhos dos recasados? 23
A situação dos separados na Igreja 25
A situação dos recasados 26

Capítulo II – Direitos e deveres dos recasados

Quais são os direitos dos recasados? 29
    Os recasados devem ser considerados e sentir-se filhos amados da Igreja 29
    Os recasados devem ser acolhidos com carinho por ocasião dos sacramentos dos filhos 30
    Os recasados devem contar com o apoio da Igreja na educação dos filhos 32
    Os recasados esperam receber a visita dos padres e dos líderes da comunidade 34

Os recasados podem e devem trabalhar em alguns setores da pastoral 34
Os divorciados devem ter acesso fácil ao Tribunal Eclesiástico para o processo de anulação do casamento anterior 37
Quais são os deveres dos recasados? 38

CAPÍTULO III – POR QUE OS RECASADOS NÃO PODEM COMUNGAR NEM RECEBER UMA BÊNÇÃO NA SEGUNDA UNIÃO?

A eucaristia negada 42
Os recasados e o sacramento da penitência 43
Os sacerdotes e os divorciados recasados 44

CAPÍTULO IV – QUAIS SÃO AS SOLUÇÕES POSSÍVEIS?

A separação do segundo companheiro ou a decisão dos dois de viver em continência como se fossem irmãos 49
O processo de declaração de nulidade do casamento 52
Sublimar a própria situação 52
Integrar-se com humildade na comunidade superando o complexo da rejeição 53
Eucaristia e vida eterna 53
Alguns exemplos para ajudar a compreender a doutrina da Igreja e para amenizar a dor das pessoas 57

CAPÍTULO V – QUANDO O MATRIMÔNIO É NULO?

1) O impedimento da idade 61
2) A impotência *coeundi* (sexual) 62
3) A existência de outro matrimônio religioso 62
4) Impedimento de disparidade de culto 63
5) Impedimento da ordem sagrada 63
6) Impedimento de rapto 63
7) Impedimento de crime 63
8) Impedimento de consangüinidade 63
9) Impedimento de afinidade 64
10) Impedimento de pública honestidade 64
11) Parentesco legal 64

12) Falta de consentimento 64
13) A ignorância a respeito da essência do matrimônio 65
14) O erro de pessoa 65
15) O dolo perpetrado 65
16) Alguma condição negativa 65
17) Medo e violência 65

Capítulo VI – Como contatar o Tribunal Eclesiástico
O que é um tribunal eclesiástico? 67
Quem trabalha no processo? 68
Como começa e se desenvolve o processo? 68
Em que consiste o libelo? 68
Qual é a duração e quanto custa o processo? 70

Conclusão 71

Bibliografia 75

Apêndices 77

Apêndice I 79
O pai pródigo 79

Apêndice II 91
Exortação Apostólica *Familiaris Consortio* 91

Apêndice III 94
Carta da Congregação para a Doutrina da Fé aos bispos da Igreja católica a respeito da recepção da comunhão eucarística por fiéis divorciados novamente casados 94

Apêndice IV 103
A Igreja continua sendo mãe? 103

Introdução

Ninguém mais sabe contar quantos são os casais separados que fizeram a opção de se casar de novo após o fracasso de seu primeiro enlace. Há muita gente chorando no limbo da espera por um gesto de misericórdia da Igreja. No começo do Terceiro Milênio, a Igreja concederá a anistia a tantos filhos que vivem bem em segundas núpcias e querem uma vida cristã plena sustentada pela eucaristia? Os recasados ganharão a cidadania total dentro da Igreja?

As perguntas, postas desse jeito, podem parecer supérfluas e simplórias, mas escondem um problema sério e real: os batizados recasados são numerosos e se sentem cidadãos de segunda categoria dentro da Igreja.

Existe uma farta literatura a respeito de divorciados recasados. Com este nosso trabalho não temos nenhuma pretensão de preencher uma lacuna ou de trazer grandes novidades. Queremos, porém, oferecer uma ajuda para que a problemática situação de quem vive em segundas núpcias e se considera injustiçado por não poder desfrutar de todos os direitos, que são reconhecidos aos outros cristãos dentro da Igreja, seja encarada serenamente. A vida deles parece uma interminável subida ao Calvário. Subida que eles enfrentam muitas vezes sem a ajuda de nenhum cireneu.

É nossa intenção olhar com muito carinho para os irmãos e as irmãs que foram vítimas de erro ou de engano na hora de optar pelo casamento e chegaram, após uma separação ou divórcio, a uma segunda união com a esperança de curar uma ferida e de proporcionar aos filhos já existentes um novo lar menos atribulado. A eles vai toda a nossa compreensão, pois passaram por uma experiência muito dolorida e precisam do apoio da Igreja. Porém, não podemos esquecer que existem entre eles também pessoas que são responsáveis pelo fracasso do matrimônio e que deixaram vítimas sob os escombros do lar desmoronado.

Se os recasados vêm pedir ajuda para legitimar o segundo casamento ou mesmo só para receber a eucaristia, como podemos nos comportar? Como expor a todos a orientação da Igreja a seu respeito? Como explicar as razões da Igreja aos que desejam ter um tratamento compreensivo? A Igreja dos primeiros séculos enfrentava as mesmas perguntas e tentava dar suas respostas. O problema, portanto, é antigo. O divórcio seguido de um segundo matrimônio não é novidade. Hoje, o fenômeno adquiriu dimensões assustadoras. Se São Paulo dizia que "é melhor casar do que abrasar-se" (1Cor 7,9), São João Crisóstomo (falecido em 407) ecoava dizendo que "mais vale romper o casamento do que vir a se perder" (PG 61, 155).

A Igreja católica continua trabalhando para evitar o fracasso familiar e para amenizar suas consequências quando ele acontece. Ela não está disposta a abrir mão da indissolubilidade do matrimônio. Nem pode fazer isso. A partir desse pressuposto teológico, como se poderia enfrentar o problema dos recasados que se sentem discriminados por ela?

Não temos outra pretensão a não ser a de oferecer pistas para encontrar respostas atuais a perguntas antigas e para estimular a compreensão quer da situação desses irmãos quer das normas da Igreja. Este trabalho não é, porém, um tratado de teologia matrimonial. Ele quer ser uma espécie de catecismo para todos os que precisam ter alguma idéia concreta a respeito da delicada condição de vida dos irmãos recasados ou não sabem como fazer para introduzir um pedido para a declaração de nulidade de seu casamento. Trata-se, portanto, de um subsídio prático para todos os que vivem o drama do que consideram uma *exclusão* dentro da própria Igreja, para suas famílias e para os pastores que precisam de argumentos para expor a doutrina da Igreja com serenidade e objetividade.

Em matéria tão delicada, o equilíbrio é uma virtude necessária e difícil. Tomara ele possa aparecer nas páginas deste livro. O autor quer declarar sua fidelidade à Igreja e seu amor pelos muitos irmãos recasados encontrados em retiros, debates, cursos e direção espiritual.

Cristo, plenitude da vida, conforte, sustente e abençoe todas as famílias que sobem a íngreme estrada do calvário familiar marcado pelo fracasso e pelo novo casamento.

Pe. Vitor Groppelli

Capítulo I

Gravidade do problema

A família está doente

O matrimônio em geral está doente e a família dos cristãos também não goza de boa saúde. De acordo com uma revista protestante, em 1998 os divórcios no Brasil foram cerca de cem mil. Na Itália calcula-se que as separações acontecem com o ritmo de 90 mil por ano. E trata-se de um país pequeno. Em outubro de 1999, a Conferência Episcopal Italiana promoveu um seminário sobre um tema bem significativo: *"Matrimônios em dificuldade: acolhida e cura pastoral"*. Os anglicanos também lamentam o enfraquecimento do compromisso matrimonial assumido pelos fiéis. Em 1998, 165 mil casais teriam chegado à separação definitiva no Reino Unido. O fenômeno, considerado assustador, levou a Igreja anglicana a publicar e distribuir nas igrejas uma mensagem que tem o objetivo de focalizar o matrimônio como instituição fundamental e indissolúvel.[1] Há muito mais tempo, a Igreja católica vem manifestando sua preocupação diante do fracasso matrimonial de seus membros. Recentemente, a Congregação para

---

1. Esta informação encontra-se no jornal católico italiano "Avvenire": ELISABETA DEL SOLDATO, Anglicani, allarme matrimoni. Esplodono i divorzi: la Chiesa ribadisce l'indissolubilità, Venerdi 24/sett./1999.

a Doutrina da Fé (CDF) publicou num livro único os pronunciamentos mais significativos sobre esse assunto.[2] Tudo isso porque a situação da família é mesmo grave.

As Igrejas não são as únicas entidades a denunciar o triste fenômeno da crise familiar. Segundo a revista *Veja*, a realidade é mesmo feia:

> Somada a ancestral necessidade de ter um parceiro com a enorme naturalidade com que as pessoas hoje em dia se casam, descasam e casam de novo, o resultado é que nunca foi tão grande o número de casais vivendo juntos sem passar pelo cartório ou pela igreja. Um levantamento do Instituto de Pesquisa Econômica Aplicada, Ipea, feito com base em números coletados em 1996, pelo Instituto Brasileiro de Geografia e Estatística, o IBGE, revela que entre os jovens brasileiros de 25 a 35 anos, 69% têm um cônjuge. É mais do que na faixa das pessoas entre 55 e 65 anos, em que 68% são casados. Agora, a diferença do passado, no time dos mais jovens, já atingem 31% as chamadas uniões informais; aquelas em que homens e mulheres juntam trapos, livros, discos, escovas de dentes, sem papel passado.[3]

Ainda na mesma *Veja*, encontramos outros elementos interessantes e preocupantes:

> Não é que as expectativas tenham mudado, pois, em geral, quem casa continua achando que é para sempre. O que decretou o fim do "*até que a morte os separe*" foi a pura e simples prática, traduzida no maremoto de separações que varre a paisagem conjugal em quase toda parte. Nos Estados Unidos, 60% dos casamentos acabam em divórcio. Na Inglaterra, são 40%. No Brasil, a conta não pára de subir. Segundo dados do IBGE, para cada nove casamentos realizados em 1985, um casal se divorciava. Dez anos depois, a proporção era muito maior: um divórcio para cada

---

2. CONGREGAZIONE PER LA DOTTRINA DELLA FEDE (CDF), *Sulla pastorale dei divorziati risposati. Documenti, commenti e studi*, Libreria Editrice Vaticana, 1998, 134 p.
3. A citação é tirada da reportagem de ALDA VEIGA e ALICE GRANATO, O casamento morreu. Viva o casamento. Casar está em alta, mas tem pouco a ver com o "até que a morte os separe" de antigamente, Revista Veja, 11/08/99, p. 99.100.

quatro uniões. Diante desse furor separatório, não espanta que a secular instituição passe por uma espanada geral e que dela saia a constatação de que o casamento acabado não é sinônimo de casamento infeliz.[4]

Não há como esconder a triste realidade. O matrimônio vai mal mesmo; também o religioso, pois o sacramento não é nenhuma vacina que impeça que a doença da crise ataque e destrua as famílias. São tempos duros para a instituição familiar. Sobre a família doente debruçam-se muitos médicos. Cada um sugere uma terapia ou uma dieta. Qual será a cura certa?

João Paulo II reconhece a gravidade da situação da família em nosso tempo:

> Quem pode negar que a nossa seja uma época de grande crise, que se exprime sobretudo como profunda *crise da verdade*? (...) No contexto da civilização do desfrutamento, a mulher pode tornar-se para o homem um objeto, os filhos, um obstáculo para os pais, a família, uma instituição embaraçante para a liberdade dos membros que a compõem.[5]

Outros também têm levantado um grito de dor e de amargura. Em 1980 o ex-presidente da Sociedade Norte-Americana de Direito Canônico declarou:

> É um dilúvio. As comportas foram abertas. Durante um tempo procuramos tampar com os dedos os buraquinhos do dique, mas tudo foi em vão. Atualmente, o matrimônio está freqüentemente tão cheio de dor, corrupção e penas que *a família parece ser o desastre número um de nossa sociedade*. Isso é de fazer chorar qualquer um.[6]

É crise da família cristã ou crise dos cristãos? Qual é a culpa dos cristãos se a família na sociedade atual está sofrendo

---

4. Revista Veja, ibid.
5. JOÃO PAULO II, Carta às famílias, n. 13, Paulinas, São Paulo, 1994, p. 50-51.
6. Pe. JOHN FINNEGAN, citado em: JAMES CASTELI, *Que está haciendo la Iglesia por los católicos divorciados y casados de nuevo?*, Claretian Publications, Chicago, 1980.

tantos abalos? A crise do matrimônio e da família é causa ou conseqüência da crise da sociedade? São interrogações que revelam a angústia de todos os que amam a família e se preocupam em achar um remédio para curar suas doenças.

O próprio Papa descreve na *Familiaris consortio*[7] (FC) cinco situações de convivência familiar que não é possível ignorar em nossa pastoral:

a) O matrimônio à experiência (FC 80)
b) Uniões livres de fato (FC 81)
c) Católicos unidos só em matrimônio civil (FC 82)
d) Separados e divorciados sem segunda união (FC 83)
e) Divorciados que contraem uma nova união (FC 84)

As páginas seguintes são dedicadas aos cristãos que se encontram na última categoria das pessoas classificadas pelo Papa como *divorciados que contraem uma nova união* (FC 84). Evidentemente, muitas considerações aqui feitas aplicam-se também às outras categorias.

RUMO A UMA NOVA PASTORAL

Muitos cristãos sofrem por duas razões: a) pelo lar desfeito; b) pelo fato de o novo casamento não ser reconhecido pela Igreja. Quem enfrenta as conseqüências da separação ainda pode encontrar compreensão e apoio na Igreja, mas a eucaristia é negada a quem passa a novas núpcias. A proibição de comungar é uma das razões que levam muitos a pensar que a Igreja é severa demais. Entre os recasados existem pessoas que chegaram à nova situação sem culpas particulares. O fracasso do seu matrimônio não pode ser atribuído a elas, mas a cir-

---

7. JOÃO PAULO II, *Familiaris Consortio. Exortação apostólica*. Seguimos a tradução das Edições Paulinas: A *missão da família cristã no mundo de hoje*, São Paulo, 1981. Ela será sempre citada com a sigla FC.

A virgindade monástica teve o privilégio de revelar o valor absoluto da pessoa humana, de confirmar a grandeza do matrimônio. Mas um monge pode abandonar seu estado monástico em nome do valor de sua pessoa e de sua livre vocação. Por esta razão, a mesma liberdade deve ser oferecida aos casados. Seu *sim* só ressoa realmente na condição de poderem a todo momento dizer *não*.[10]

Os Estados Unidos são o país em que os católicos vêm lutando há mais tempo em defesa de uma disciplina eclesiástica mais branda em favor dos divorciados recasados. Em 1977, os bispos norte-americanos pediram ao Vaticano a autorização para abandonar a prática da excomunhão automática que atingia os católicos divorciados, que chegavam a realizar um segundo matrimônio. Foi um passo de alto valor simbólico que passou a ser interpretado como uma manifestação do amor de Deus para com esses seus filhos.[11]

Atualmente, nos Estados Unidos, concede-se praticamente a declaração de nulidade a todos os fiéis que a solicitam. Portanto as normas previstas pelo Direito Canônico têm um vigor somente formal.

Na Europa recorre-se freqüentemente à exclusão da indissolubilidade e da prole da parte dos noivos como motivo para justificar a não-validade do matrimônio celebrado.

Como se explica essa praxe? É hipocrisia, ingenuidade, desejo de vir ao encontro dos irmãos em situação irregular? O fato novo é que no mundo inteiro estão multiplicando-se iniciativas que manifestam solidariedade aos recasados, mesmo que essa solidariedade não signifique concordância com o novo casamento.

Como reage hoje a Santa Sé diante de tanto clamor em favor dos divorciados recasados?

---

10. PAUL EVDOKIMOV, *O sacramento...*, p. 200.
11. Cf. CASTELLI, *Que está haciendo la Iglesia*, p. 6.

O cardeal Ratzinger, prefeito da Congregação para a Doutrina da Fé, entra com o peso de sua autoridade no debate e lembra algumas tentativas feitas e sugestões apresentadas à Santa Sé:

> Não são poucos os experts que propuseram estudos, nos quais procuraram justificar teologicamente esta praxe [*da comunhão eucarística aos recasados:* observação nossa]. Muitos sacerdotes deram aos fiéis divorciados recasados, que a solicitavam, a absolvição e recomendaram ou ao menos toleraram que eles recebessem o corpo do Senhor.
> Para inibir abusos pastorais, os bispos da província eclesial do Reno superior (Alemanha) publicaram em 1993 diversos pronunciamentos *sobre a pastoral dos divorciados e dos divorciados recasados*. Sua intenção era criar nas comunidades paroquiais de suas dioceses uma praxe unitária e ordinária sobre a difícil questão. Eles sublinharam as claras palavras de Jesus sobre a indissolubilidade do matrimônio e lembraram que não é possível uma admissão generalizada daqueles fiéis que, após o divórcio se casaram no civil. Porém, admitiram a possibilidade que estes fiéis se aproximassem da banquete do Senhor se, após um encontro com um sacerdote prudente e experiente, se sentissem em consciência autorizados a isso.
> A iniciativa dos bispos – continua Ratzinger – foi recebida positivamente em muitos setores da Igreja. Porém, muitos cardeais e bispos solicitaram da Congregação para a Doutrina da Fé um esclarecimento sobre o fato. Alguns teólogos foram mais radicais e pediram uma mudança na doutrina e na disciplina. Muitos achavam que, após um período de penitência, os divorciados recasados deveriam ser admitidos oficialmente aos sacramentos. Outros sugeriam que a questão fosse resolvida pelos sacerdotes engajados na pastoral ou pelos próprios fiéis interessados.[12]

---

12. JOSEF RATZINGER, Introduzione, tirada de: CDF, *Sulla pastorale*, p. 10-11.

cunstâncias independentes de sua vontade ou culpa. Mesmo assim, elas acham que a exclusão da comunhão eucarística é uma espécie de castigo que não merecem.

A disciplina da Igreja parece aos recasados demasiadamente rígida e punitiva. Os inocentes consideram-se injustiçados. Após a dor da separação, é-lhes negado o *direito* à felicidade proporcionada pelo segundo matrimônio civil, o qual, muitas vezes, é melhor do que o primeiro e oferece um lar aos filhos pequenos da primeira união.

Até uns anos atrás, eram raros os casos de separação. Não havia necessidade de uma pastoral específica. Bastava o bom senso do vigário para lidar com as pessoas e as famílias atingidas pela separação. Agora parece que a família explodiu, como um grande prédio de trinta andares que, ruindo, arrasta consigo as moradias próximas a ele. As separações aumentaram assustadoramente nos últimos anos pegando a Igreja desprevenida. Ela não teve tempo nem experiência para desenvolver uma pastoral adequada para enfrentar essa situação.

A Igreja não estava preparada para conter a enxurrada de separações matrimoniais seguidas de novas uniões. O sacramento do matrimônio que ela oferece não é nenhuma vacina contra as crises familiares. Os que casam na Igreja não recebem uma força mágica que lhes garanta a felicidade e o sucesso *até que a morte os separe*. São cada vez mais numerosos os bons cristãos vítimas da separação conjugal.

Então, o que a Igreja pode fazer para ajudá-los? Ignorá-los, condená-los ao purgatório existencial de quem espera que termine o tormento da discriminação ou da condenação? Basta a doutrina da indissolubilidade a servir como redutor de velocidade diante da propensão a casar de novo? Se a indissolubilidade é um ponto firme que não é possível modificar, que atendimento pastoral deve-se dispensar aos fiéis recasados?

Em busca de uma saída

Na realidade, não são poucos os bispos e os sacerdotes que invocam ou ensaiam uma mudança na disciplina da Igreja. As Conferências Episcopais do mundo inteiro continuam debatendo o assunto e oferecendo propostas para amenizar a dor de quem está vivendo um segundo casamento. Todos estão buscando sinceramente uma solução pastoral que torne mais maleável a legislação da Igreja católica sem trair a fundamentação evangélica da indissolubilidade do matrimônio. Muitos citam uma praxe viva em alguma comunidade cristã dos primeiros séculos.

São Gregório de Nazianzo afirma: "Um primeiro casamento é feito plenamente em conformidade com a lei (da Igreja), um segundo é tolerado por indulgência, um terceiro é nefasto. Um casamento ulterior provém de costumes sórdidos".[8] Sinal de que existia uma praxe que compreendia as razões de uma segunda experiência matrimonial em sua época.

A Igreja ortodoxa, mesmo manifestando muitas reticências, admite as segundas e as terceiras núpcias. "O Sínodo de Constantinopla, em 920, declara nulo o quarto casamento. A restrição a respeito das terceiras núpcias desapareceu e estas são toleradas sem penitência. A tetragamia (o quarto matrimônio) continua formalmente proibida".[9]

A experiência ortodoxa está sendo estudada com seriedade e simpatia por teólogos e pastoralistas católicos em busca de uma saída do impasse da disciplina católica. Enquanto isso, os ortodoxos tentam explicar sua tradição de admitir o divórcio seguido de novas núpcias:

---

8. PG 36, 292 C. A citação encontra-se em: PAUL EVDOKIMOV, O sacramento do amor. O mistério conjugal à luz da tradição ortodoxa, Paulinas, São Paulo, 1989, p. 193-194.
9. PAUL EVDOKIMOV, O sacramento..., p. 194.

e religiosa dos jovens, instruindo-os acerca das condições e das estruturas que favoreçam tal fidelidade, sem a qual não há verdadeira liberdade, ajudando-os a amadurecer espiritualmente e fazendo-os compreender a riqueza da realidade humana e sobrenatural do matrimônio-sacramento (FC 81).

O forte convite do Papa a fazer *obra de prevenção* poderá ser assumido com seriedade a partir de agora, mas o passado recente da prática da celebração do casamento não é nada animador. Os pastores que lidam com as famílias se vêem às voltas com os numerosos casos em que o matrimônio não aconteceu por amor, mas por conveniência ou até por indução e exigências de paróquias que forçam o casamento religioso para que as crianças possam ser batizadas. Pelo Brasil afora acontece de tudo. Por causa das distâncias, da falta de sacerdotes e de tempo, quantos casamentos são feitos em mutirão ou apressadamente para aproveitar a ocasião? Apesar do zelo da maioria dos sacerdotes, nem todos são cuidadosos em discernir se existem reais condições para que o casamento seja válido. Uma vez que ele foi celebrado e registrado, como provar que houve alguma irregularidade? Como devolver a liberdade a quem foi vítima da falta de organização das próprias paróquias? Como dar condições, por exemplo, aos casais que vivem nos igarapés da Amazônia de acessar ao tribunal que poderia provar a nulidade do seu casamento?

Enquanto justamente se procura uma solução que agrade a Deus e aos irmãos, estes continuam elevando sua prece sincera e sofrida ao Senhor. Qual será a resposta do céu?

> Por causa da aflição dos humildes e dos gemidos dos pobres, levantar-me-ei para lhes dar a salvação que desejam (Sl 11,6).

E OS FILHOS DOS RECASADOS?

Uma separação, por mais legítima que ela seja, é sempre uma tragédia que fere várias pessoas. A pastoral dos divorciados recasados não pode ficar focalizando somente a questão sacramental da indissolubilidade do matrimônio ou do mal-estar espiritual do casal. Os cônjuges divorciados não são os únicos que sofrem pelo lar desfeito. Muitos jovens carregam o trauma de terem pais separados que passaram a novas núpcias. Nenhum deles gosta de ver outra pessoa tomar o lugar do pai ou da mãe. Eles podem até entender e suportar uma separação, mas não vibram com o novo casamento dos pais. Não é nada agradável para eles passar a viver com os filhos dos outros perdendo assim o próprio espaço dentro do lar. Quem trabalha com filhos de pais separados ou recasados depara muitas vezes com comportamentos esquisitos que têm como causa principal a situação familiar desses jovens. Os adultos que se casam de novo resolvem o próprio problema, mas criam um outro, talvez maior, para os filhos. O divórcio e o novo casamento são mesmo uma solução para o fracasso matrimonial?

O papa João Paulo II expressa uma preocupação especial com os filhos desses casais:

> Um capítulo muito importante é o que diz respeito à formação humana e cristã dos filhos da nova união. Fazer com que participem de todo o conteúdo da sabedoria do Evangelho, segundo o ensinamento da Igreja, é uma obra que prepara maravilhosamente os corações dos pais a receber a força e a clareza necessárias para superar as dificuldades reais que encontram em seu caminho e para recuperar a plena transparência do mistério de Cristo que o matrimônio cristão representa e realiza.[14]

O trabalho pastoral com os filhos de casais recasados apresenta seus grandes desafios e exige não pouco malabarismo para evitar julgar e condenar os pais ou mesmo só absolvê-los total-

---

14. JOÃO PAULO II, Discorso ai partecipanti alla XII Assemblea Plenaria del Pontificio Consiglio per la Familia 4, in: - CONGREGAZIONE PER LA DOTTRINA DELLA FEDE, Sulla pastorale dei divorziati risposati. Documenti, commenti e studi, Libreria Editrice Vaticana, 1998, p. 55.

A Igreja nunca deixou de se aprofundar naquilo que a Palavra de Deus diz a respeito do matrimônio. Este é como um diamante que brilha de forma diferente de acordo com a luz que recebe e o ângulo a partir do qual se olha para ele. Há muitas nuances que continuam aparecendo aos olhos da Igreja. É a Bíblia que lhe dá a plena convicção da indissolubilidade desse sacramento. Ela não ignora que inúmeras famílias têm um ou outro membro que passou por uma separação ou se casou com uma pessoa divorciada, ou vive com um companheiro(a) sem nenhum vínculo legal. Por isso, já se pronunciou repetidas vezes sobre o assunto. O que para os outros é teimosia ou dureza, para a Igreja é simples certeza de que muitos batizados são capazes de heroísmo diante de um matrimônio fracassado e de um lar desfeito.

A prudência pastoral (ou a aparente rigidez da Igreja) justifica-se também pelo fato de alguns recasados não serem vítimas de um engano, mas responsáveis por terem conscientemente contribuído para a morte da lógica do amor sacramental. Entre eles existem pessoas que se tornaram responsáveis pelo fracasso do matrimônio e podem estar querendo o segundo casamento na Igreja para agradar o novo cônjuge. A infidelidade nunca pode ser elevada à graça.

Objetivamente, por mais caridosa e compreensiva que a Igreja queira ser, ela não tem como fazer de conta que o primeiro casamento deixou de existir, quer dizer, de ser sacramento quando fracassou. Sabemos que não se apagam o batismo, a crisma, a ordem quando as pessoas os traem. Será, então, que se apagam o sacramento e o compromisso matrimonial só porque dois cônjuges não querem mais viver juntos? O matrimônio é válido somente enquanto o amor está vivo?

O cardeal Ratzinger explica assim a posição da Igreja diante da morte do amor matrimonial:

> Se a Igreja aceitasse a teoria da morte do matrimônio, quando os dois cônjuges não se amam mais, então ela estaria aprovando

com isso o divórcio e sustentando a indissolubilidade do matrimônio só formalmente. A opinião segundo a qual o Papa poderia eventualmente anular os matrimônios irremediavelmente fracassados, deve então ser qualificada como errônea. O matrimônio sacramental, consumado, não pode ser anulado por ninguém. Os esposos prometem-se reciprocamente fidelidade até a morte durante a celebração nupcial.[13]

Portanto, resta à Igreja um único caminho: descobrir como tratar todos os seus filhos que vivem em situações delicadas e orientá-los para a possível declaração de nulidade do primeiro matrimônio. Entre os fiéis divorciados e recasados existem alguns que vivem com heroísmo na difícil realidade criada pelo segundo casamento. De fato, há gente que carrega duas famílias com muito espírito de sacrifício e abnegação. Mesmo que queiram voltar atrás, alguns casais não podem fazer isso sem criar problemas mais sérios aos filhos nascidos em segundas núpcias.

Seja lá qual for a situação, a Igreja deve deixar-se guiar pelo Espírito Santo na pastoral específica destinada à compreensão e ao acompanhamento dos fiéis que sofrem. Ela não pode modificar a Lei do Senhor a respeito do matrimônio, mas pode repensar a sua pastoral para oferecer um apoio concreto a todas as famílias que sofrem por causa de um lar desfeito ou refeito. Vai nesta direção o que o papa João Paulo II recomenda a todos os operadores pastorais:

> Os pastores e a comunidade eclesial serão diligentes em conhecer tais situações e as suas causas concretas, caso por caso; em aproximar-se dos conviventes com discrição e respeito; em esforçar-se com uma *ação de esclarecimento paciente*, de *caridosa correção*, de testemunho familiar cristão, que possa aplanar o caminho para *regularizar a situação*. Faça-se, sobretudo, *obra de prevenção*, cultivando o sentido da fidelidade na educação moral

---

13. JOSEF RATZINGER, ibid., p. 27.

Levando em conta a do Papa, o que podemos dizer a esses nossos irmãos? Nos diversos encontros que eu tive com grupos de recasados ou pretendentes ao segundo casamento, sempre senti neles uma expectativa muito grande e um desejo sincero de serem compreendidos e acolhidos. Nossa linguagem não pode ser agressiva ou pouco caridosa. Mesmo que não se possa aprovar a situação deles, também não é oportuno usar pesadas palavras de desaprovação. Certamente, o impasse é grande, mas é possível superá-lo mostrando a esses nossos irmãos os seus *direitos*, os seus *deveres*, explicando as *razões* da disciplina da Igreja (por que não podem comungar?) e indicando algumas *pistas* para a solução do seu problema. É o que procuraremos demonstrar a seguir.

mente, como se não estivessem vivendo em desacordo com a lei do Evangelho e da Igreja.

A SITUAÇÃO DOS SEPARADOS NA IGREJA

Estamos falando dos cônjuges que se separaram mas não se casaram de novo. Estes não criam nenhum problema particular à Igreja. Há uma diferença substancial entre os cônjuges separados e os que passaram a novas núpcias. A escassa informação, ou até mesmo a carente formação eclesial dos fiéis, cria confusão e gera equívocos que precisamos desfazer. Citamos dois casos, entre outros:

Um *primeiro equívoco*, bastante comum é este: os separados não podem comungar! Erro grave! Trata-se de ignorância das leis da Igreja. Os separados não são nem excomungados nem considerados *traidores* pela Igreja. Pelo fato de serem separados, eles não são excluídos da comunhão se vivem de acordo com os dez mandamentos. É quem recorre a um casamento celebrado só no civil, ou se casa de novo após um divórcio (ou separação) ou vive amigado que não pode comungar. *A proibição de receber a eucaristia não atinge os separados*. Por falta de conhecimento, algumas pessoas deixam de comungar a partir do dia da separação.

Um *segundo equívoco*: os desquitados ou divorciados são rejeitados e marginalizados pela Igreja. Não é verdade que a Igreja os rejeita. Alguns sofrem o complexo da rejeição, mas a Igreja não exclui ninguém de seu amor. Ela é como uma mãe que não pode dar tudo o que o filho pede. Pelo fato de um médico não poder dar o remédio que o doente exige, não significa que o rejeita. A Igreja tem de dar, como o médico, o remédio de que o fiel precisa e não o que ele quer. Se ela não pode dar a eucaristia aos recasados pode, porém, oferecer-lhes outros espaços para uma atuação efetiva ao lado dos outros fiéis. Em nossas comunidades temos pessoas que experimentaram a dor da separação e que trabalham com dedicação e competência nos vários setores da pastoral. Trata-se de homens e mulheres que não se deixaram condicionar pelo equívoco. Sua contribuição deve ser incentivada. Ela é valiosa. O apostolado de divorciados entre pessoas que vivem o mesmo problema é precioso e dá bons resultados.

A SITUAÇÃO DOS RECASADOS

Quando os divorciados casam de novo criam uma situação delicada para a Igreja, pois dão a entender que para eles o sacramento do matrimônio não é indissolúvel e morreu definitivamente quando aconteceu a separação entre os dois cônjuges. A Igreja, porém, não abre mão de sua doutrina a respeito da indissolubilidade do matrimônio, pois ela não "reconhece como válida uma nova união quando se sabe que o matrimônio anterior era válido".[15] Apesar disso, ela procura ser compreensiva para com todos os seus filhos que vivem o drama da separação seguida de um segundo casamento. Prova disso são as palavras de João Paulo II:

> Saibam os pastores que, por amor à verdade, estão obrigados a discernir bem as situações. Há, na realidade, uma diferença entre aqueles que sinceramente se esforçam por salvar o primeiro matrimônio e foram injustamente abandonados e *aqueles que, por sua grave culpa, destruíram um matrimônio canonicamente válido.* Há ainda aqueles que contraíram uma segunda união em vista da educação dos filhos, e, às vezes, estão subjetivamente certos em consciência de que o precedente matrimônio, irreparavelmente destruído, nunca tinha sido válido (FC 84).

---

15. CONGREGAZIONE PER LA DOTTRINA DELLA FEDE (CDF), Lettera ai Vescovi della Chiesa Cattolica circa la recezione della comunione eucaristica da parte di fedeli divorziati risposati, 4.

quando solicitam a catequese ou um sacramento em favor dos filhos? O papa nos orienta com sua palavra:

> Quando um casal em situação irregular volta à prática cristã é necessário *acolhê-lo com caridade e benevolência*, ajudando-o a esclarecer o estado concreto de sua condição, através de um trabalho pastoral iluminado e iluminante. Esta *pastoral da acolhida* fraterna e evangélica, para aquele que tinha perdido o contato com a Igreja, é de grande importância: é o primeiro passo necessário para inseri-los em uma prática cristã. É preciso fazê-los *aproximar-se da escuta da Palavra de Deus e da oração*, inseri-los nas obras de caridade que a comunidade cristã realiza em favor dos pobres e dos necessitados e estimular o espírito de arrependimento com obras de penitência que preparem os seus corações a receber a graça de Deus.[17]

João Paulo II usa palavras muito expressivas e que não podem ficar no esquecimento. Ele fala de inserção *em uma prática cristã* e *nas obras de caridade*. Portanto, não se trata somente de acolhida.

Para o papa,

> não faltam vias pastorais oportunas para ir ao encontro dessas pessoas. A Igreja vê os seus sofrimentos e as graves dificuldades em que se encontram, e em sua caridade materna preocupa-se com eles não menos do que com os filhos do matrimônio anterior: sem poder desfrutar do direito nativo à presença de ambos os pais, eles (os filhos) são as primeiras vítimas dessas doloridas circunstâncias.[18]

Felizmente, muitos casais recasados desejam que os filhos recebam uma formação cristã e os encaminham para a catequese paroquial. Seus filhos devem ser acolhidos com muito carinho e discernimento espiritual. Os catequistas precisam de muita

---

17. JOÃO PAULO II, *Discurso ai...* 4, in: CDF, o.c., p. 54. O grifo está no documento original.
18. JOÃO PAULO II, *Discurso ai...* 3, p. 53.

sabedoria e discernimento para não usar palavras imprudentes que desabonem os pais em situação irregular. Mesmo permanecendo fiéis ao Evangelho e à Igreja, os catequistas devem ser treinados a enfrentar assuntos delicados com muita habilidade pedagógica para não machucar a sensibilidade das crianças que têm pais separados e recasados.

Quando chega o dia da Primeira Comunhão e da Confirmação os pais fazem questão de acompanhar os filhos até o altar. Este é um gesto muito bonito e significativo e deve ser destacado. É uma forma de viver o sacerdócio dos leigos. É como repetir a experiência de Maria e José quando apresentaram ao templo o menino Jesus e o levaram de volta a Jerusalém aos doze anos. Alguns pais recasados gostariam de receber a eucaristia com os filhos. Como negá-la?

Este assunto é muito delicado, pois, obedecendo às normas da Igreja, não podemos dar a comunhão a fiéis recasados. Então, o que fazer? Alguns sacerdotes resolvem o impasse conversando longamente com os pais antes da festa e substituindo a eucaristia com um caloroso aperto de mão na hora em que eles apresentam os filhos para a Primeira Eucaristia. Afinal, não estão mesmo de parabéns por quererem dar aos filhos uma formação cristã?

Os recasados devem contar com o apoio da Igreja na educação dos filhos

Um dos problemas mais sérios que os casais em segundas núpcias enfrentam é a educação dos filhos. Estamos falando de educação em sentido amplo. Estes casais podem até convencer os filhos que é bonito seguir a força do sentimento que leva a uma nova união, mas com esta eles criam uma realidade complexa para as crianças quando elas são filhos de pais diferentes.

Vamos usar um exemplo para tornar mais compreensível o nosso pensamento. Maria, desquitada, tem um filho e se casa

Capítulo II

Direitos e deveres dos recasados

O casal de recasados sabe que sua situação é considerada irregular pela Igreja, mas eles não são cidadãos de segunda categoria. Os fiéis divorciados recasados permanecem membros do povo de Deus, que é a Igreja, e devem experimentar o amor de Cristo e a solicitude da Igreja. Todos os batizados têm alguns direitos e deveres dentro da Igreja. Esta regra vale para todos, solteiros e casados, divorciados e não divorciados.

Quais são os direitos dos recasados?

Os direitos dos recasados são estes, entre outros:
- ser considerados e sentir-se filhos amados da Igreja;
- ser acolhidos com carinho por ocasião dos sacramentos dos filhos;
- contar com o apoio da Igreja na educação dos filhos;
- ter acesso ao Tribunal Eclesiástico para o processo de declaração de nulidade do casamento anterior;
- receber a visita dos padres e de líderes da comunidade;
- trabalhar em alguns setores da pastoral.

Os recasados devem ser considerados e sentir-se filhos amados da Igreja

A lei do amor cristão deve guiar os passos e os pensamentos de quem se diz discípulo de Jesus. A primeira manifestação desse amor é o respeito pelas pessoas mesmo que não se concorde com suas opções. A Igreja não admite o segundo casamento de um seu membro, mas não discrimina e nem excomunga o recasado. Se por um lado ela reafirma com vigor a indissolubilidade do sacramento do matrimônio, pelo outro ela incentiva o amor e a compreensão para com aqueles filhos que vivem em situação irregular. Esse amor deve traduzir-se em gestos concretos, deve transformar-se em atitude pastoral. Para usar as palavras do papa João Paulo II:

> Estes homens e estas mulheres, saibam que a Igreja os ama, não está longe deles e sofre também por causa da sua situação. Os divorciados recasados são e permanecem seus membros, porque receberam o batismo e conservam a fé cristã. Certamente, uma nova união após o divórcio constitui uma desordem moral, a qual contraria as claras exigências da fé, mas isso não os dispensa do compromisso da oração nem do testemunho eficiente da caridade.[16]

Portanto, a Igreja tem a obrigação de tratar bem as pessoas que vivem um drama tão dolorido. Ela não pode contentar-se em acolhê-las, mas deve também ir atrás delas para lhes testemunhar e transmitir o carinho de Cristo Jesus.

Os recasados devem ser acolhidos com carinho por ocasião dos sacramentos dos filhos

São freqüentes as queixas de gente que diz ter sido maltratada por ocasião do batismo ou da primeira eucaristia e crisma dos filhos. Num passado recente, isso acontecia mesmo, e com certa freqüência. Mas os tempos mudaram e também os líderes das comunidades aprenderam a ser compreensivos para com os recasados. Porém, como encarar esses nossos irmãos

---

16. JOÃO PAULO II, Discorso ai partecipanti alla XIII Assemblea Plenaria del Pontificio Consiglio per la Famiglia, 2, in: CDF, Sulla pastorale, p. 53.

com José, desquitado, que também tem uma filha. Os dois resolvem viver juntos e acabam tendo mais um filho. Aparentemente, está tudo bem entre eles, mas as três crianças são frutos de relacionamentos diferentes. No dia-a-dia dá para conviver bem, porém no fim da semana o primeiro marido de Maria reclama a presença do filho e a primeira esposa de José reclama a presença da filha. Provavelmente, as duas crianças encontram o novo companheiro e a nova companheira dos pais e os novos filhos (irmãos) que esses pais tiveram em segundas núpcias. Além do mais, as crianças encontram famílias em que os avós e tios de uma não são avós e tios da outra. Dá para imaginar a confusão que se forma na cabecinha delas e a dificuldade que os pais separados e recasados enfrentam dia a dia para harmonizar a convivência no lar? Por mais que Maria e José se amem e amem as crianças com as quais convivem, podem, sozinhos, dar conta de sua educação para uma formação equilibrada da personalidade dos filhos?

Evidentemente, não deve ser fácil nem para pais sensatos e bem-intencionados administrar essa situação. Eles devem poder contar com a assistência da igreja.

Certa vez, encontramos um amigo que vivia a realidade acima descrita. Perguntamos a ele se, em sua paróquia, o grupo dos casais recasados continuava se reunindo.

– Eu parei de participar – respondeu ele meio amargo.

Quisemos saber a razão de sua desistência.

– Cansei-me do método seguido – falou. – Em nossas reuniões rezava-se, programavam-se almoços ou jantares, faziam-se brincadeiras gostosas e tudo mais. Porém, isso não basta. Eu e minha esposa precisamos de advogados e os filhos, de psicólogos. Nossa vida não é fácil, padre. Precisamos de outro tipo de ajuda, não só de oração.

A Igreja está preparada para oferecer outro tipo de ajuda? Além da formação cristã, o que a Igreja pode dar aos filhos dos casais recasados? Felizmente, existe muita criatividade na pastoral familiar do Brasil. É fácil encontrar experiências interessantes e úteis em inúmeras dioceses do país.

Os recasados esperam receber a visita dos padres e dos líderes da comunidade

Em preparação ao jubileu do ano 2000, fortificou-se em quase todas as comunidades do Brasil a prática, por parte de alguns líderes da comunidade, da visita às famílias. Esse ir de casa em casa, inspirado em Lucas 10,1-12, recebeu até um nome bonito: *ministério da visita*. Durante as visitas foi possível fazer um levantamento e tirar uma espécie de radiografia dessas famílias, verificando-se quantos eram os doentes, os velhos, os viúvos, as crianças abandonadas, os pais separados, os recasados, etc.

Quando se encontra algum recasado com vontade de participar da comunidade, é oportuno voltar a ele com tempo e sabedoria para ajudá-lo fraternalmente. Antigamente, essas visitas, sobretudo as do sacerdote, eram proibidas e causavam escândalo. Hoje acontece o contrário. Escândalo agora é discriminar os amigados e os recasados. A situação delicada desses nossos irmãos está inspirando novas formas de apostolado. Com certeza, Jesus gostaria de entrar em suas casas assim como ele entrava nas casas dos fariseus e dos publicanos. E ele só pode fazer isso por meio de nossos pés. Portanto, é desejável que a Pastoral Familiar de cada comunidade crie equipes especializadas em visitas às famílias irregulares religiosamente. Sempre é possível semear a esperança e descobrir sinais de um fermento evangélico no coração dos recasados.

Os recasados podem e devem trabalhar em alguns setores da pastoral

Um recasado fez este desabafo durante um encontro pastoral:

> Quando me casei, havia três padres para fazer a cerimônia, mas quando entrei em crise não houve nenhum sacerdote para me ajudar a superá-la. Agora que estou separado, pior ainda.

De fato, isso acontecia com certa freqüência. Também não é raro que um ou outro sacerdote até use uma linguagem não apropriada com os recasados.

Mas os sacerdotes não são os únicos a sumir da vida dos casais que passam por essas dificuldades. Padrinhos, amigos e parentes, que preencheram a igreja e o cartório (para não falar da festa!) no dia do casamento, onde estão quando chega a hora da crise para o casal? Sobretudo os padrinhos deveriam arregaçar as mangas para ajudar os amigos em dificuldade. Afinal, sua presença junto do altar no dia do matrimônio, mais do que uma honra, foi um compromisso.

Felizmente, são cada vez mais numerosas as comunidades que, atendendo ao pedido do papa João Paulo II (já lembrado antes), se abrem carinhosamente para os recasados. Aos poucos, caem os preconceitos e nasce um comportamento receptivo. Os resultados aparecem e são bons. Alguns recasados acabam voltando à paróquia para assumir lideranças e engajam-se na comunidade, onde trabalham com entusiasmo e sem medir esforços. De fato, conseguem fazer coisas extraordinárias. Existem testemunhos comoventes em todas as paróquias.

Porém, se em nível local está acontecendo uma experiência de solidariedade e convivência sem maiores problemas, quando se vêem as declarações de alguns membros da alta hierarquia da Igreja, o desânimo parece justificado. Teoricamente, o que os recasados podem fazer? A esta pergunta, o cardeal Ratzinger, prefeito da Congregação para a Doutrina da Fé, responde apontando o que os recasados não podem fazer dentro da comunidade. Vamos dividir sua declaração, didaticamente, sob a forma de perguntas e respostas.

Um recasado pode ser padrinho de batismo e da confirmação?

> De acordo com o atual Direito Canônico o padrinho deve levar *uma vida conforme a fé e o compromisso que assume* (CIC, can. 784 & 1,3°). Os fiéis divorciados e recasados não se encaixam nesta norma, porque a sua situação contradiz objetivamente ao mandamento de Deus. Um estudo atualizado – feito também com a colaboração do Pontifício Conselho para a interpretação dos textos legislativos – demonstrou que esta norma jurídica é clara e evidente. A esse respeito, porém, foi sugerido que as condições, que devem ser exigidas para assumir o múnus de padrinho, deveriam ser precisadas com maior exatidão, para valorizar essa tarefa em seu significado e evitar abusos na pastoral.[19]

Na prática, portanto, um recasado não pode ser padrinho. Quais são as outras tarefas que lhe são proibidas?

> Também outras tarefas eclesiais, que pressupõem um testemunho de vida cristã particular, não podem ser confiadas a divorciados civilmente recasados:
> – Serviços litúrgicos (leitor, ministro extraordinário da eucaristia);
> – Serviços catequéticos (professor de religião, catequista da primeira eucaristia e crisma);
> – Membro do Conselho Pastoral Diocesano e Paroquial. Os membros desses Conselhos devem estar totalmente inseridos na vida eclesial e sacramental, além de levar uma vida que esteja de acordo com os princípios morais da Igreja. O Direito Canônico estabelece que nos Conselhos Pastorais diocesanos – e isso vale analogamente também para os Conselhos paroquiais – sejam eleitos somente fiéis de fé segura, bons costumes e prudência (CIC, can. 512 § 3).[20]

---

19. RATZINGER, *Introduzione*, 5, o.c., p. 16.
20. RATZINGER, ibid., p. 16-17.

Os recasados podem ser padrinhos de casamento?

Também a esta pergunta o card. Ratzinger responde negativamente:

> Deve-se desaconselhar que os fiéis divorciados e recasados se prestem como testemunhas de casamento, mesmo que nesses casos não existam razões intrínsecas que o impeçam.[21]

Diante de uma possível impressão de que os recasados são discriminados, o Cardeal explica assim:

> Trata-se, na realidade, de conseqüências intrínsecas à sua (dos recasados) objetiva situação de vida. O bem comum exige que se evite a confusão e, em todo caso, um possível escândalo.[22]

Parece que sobra muito espaço para os fiéis recasados que querem assumir tarefas dentro da comunidade. Mesmo com todas essas restrições, o Espírito Santo é capaz de suscitar carismas e sugerir dinâmicas que evitem o perigo de uma real discriminação. Aliás, muitas formas de apostolado já estão em ação em nossas comunidades tendo à frente irmãos recasados.

Os divorciados devem ter acesso fácil ao Tribunal Eclesiástico para o processo de declaração de nulidade do casamento anterior

É opinião comum entre os sacerdotes que um número relevante de noivos chegam ao casamento religioso despreparados para assumir todos os compromissos do sacramento e da família que nasce a partir dele. É uma experiência freqüente e dolorosa também para os pastores. Quando um casal se separa, até por causa justa, raramente recorre a um sacerdote para saber se o casamento fracassado foi válido ou não. Geralmente,

---
21. RATZINGER, ibid., p. 17.
22. RATZINGER, ibid., p. 17.

a procura por um sacerdote acontece quando nasce uma nova perspectiva de matrimônio. Nesse caso, todos acabam tendo pressa de receber o decreto de declaração de nulidades, mas poucos se submetem ao processo previsto para isso achando que ele é muito demorado e caro. Há pouca informação a respeito do Tribunal Eclesiástico. Por isso, mais adiante dedicaremos um parágrafo a esse assunto tão importante para todas as pessoas que precisam de informações.

Quais são os deveres dos recasados?

Os nossos irmãos recasados, que se sentem cristãos verdadeiros, sabem que, como todos os membros da Igreja, eles têm algumas obrigações. Já lembramos as palavras de João Paulo II (cf. a FC 84), que a eles sugere:

- ouvir a Palavra de Deus
- freqüentar o sacrifício da missa
- perseverar na oração
- incrementar as obras de caridade e as iniciativas da comunidade em favor da justiça
- educar os filhos na fé cristã
- cultivar o espírito e as obras de penitência

Às sugestões do papa, acrescentamos algumas observações para ajudar os recasados a não perder o contato com a vida ativa do povo de Deus. Eles não têm somente direitos, mas deveres também. Portanto, eles devem:

a) Freqüentar a Igreja em suas comunidades

Muitos deles se afastam da prática religiosa sentindo-se como que envergonhados pela separação ocorrida e pela nova união. Assim, acabam isolando-se e enfraquecendo-se cada vez mais em sua fé. Aqueles que perseveram na vida ativa dentro da comunidade, encontram forças e oportunidades para dar um testemunho de coragem e de fidelidade a Deus. Felizmente, estão aumentando os grupos de fiéis recasados que se encontram freqüentemente nas comunidades descobrindo formas de entreajuda e de solidariedade que amenizam seus problemas e iluminam suas opções. Aqueles que não abandonam a prática religiosa enriquecem espiritualmente com seu testemunho os demais membros do povo de Deus.

b) Educar os filhos na fé

Alguns recasados, para fugir do perigo de serem humilhados, evitam tomar parte da vida da comunidade e dificultam também a participação dos filhos, os quais ficam sem catecismo e sem uma experiência de Igreja. Mesmo compreendendo a situação psicológica do casal, deve-se fazer de tudo para que as crianças freqüentem as aulas de catecismo e tenham, assim, acesso aos sacramentos.

A educação cristã dos filhos é um dever de todos os batizados, mesmo dos que vivem uma segunda experiência familiar não reconhecida pela Igreja. Os filhos dos recasados precisam sentir que não são discriminados nem pela Igreja nem por seus pais. Então, os pais devem ser incentivados e ajudados a oferecer aos filhos uma educação religiosa completa e uma vida sacramental plena.

c) Contribuir com as necessidades da Igreja

Os católicos têm receio de falar a respeito de dinheiro, mas o dízimo é uma obrigação bíblica para todos. Os batizados têm sérios compromissos com a evangelização do mundo, as obras de caridade para com os pobres e o sustento da própria Igreja. Portanto, também os cristãos em segundas núpcias devem oferecer a própria colaboração à comunidade. Recasados dizimistas! Uma bela realidade. Além disso, merecem uma nota de louvor aqueles que se engajam em algum organismo que tem a finalidade de aliviar os sofrimentos dos irmãos mais carentes.

Capítulo III

Por que os recasados não podem comungar nem receber uma bênção na segunda união

Esta é a pergunta que mais ecoa nas casas e na própria comunidade. Todos têm direito a uma resposta objetiva, clara e compreensível. A Igreja tem suas boas razões quando nega a eucaristia aos irmãos recasados. Essas razões estão enraizadas quer na palavra de Deus quer na tradição secular da vida cristã. A tradição bíblica afirma claramente que o matrimônio válido é indissolúvel. Portanto, se o vínculo matrimonial é indissolúvel ele não desaparece quando um casal se separa. Para a Igreja católica, enquanto não se conseguir provar que o casamento anterior foi nulo, a pessoa que se separa continua ligada sacramentalmente ao cônjuge com o qual recebeu a graça do matrimônio. Uma separação não causa automaticamente a anulação do vínculo sacramental.

Seguindo a palavra de Deus, a Igreja está convencida de que:

- *ninguém pode separar o que Deus uniu* (Mt 19,6);
- *quem se divorcia da própria mulher e casa com outra é adúltero* (Mt 19,9);
- *quem casa com a mulher rejeitada é adúltero* (Mt 19,9; cf. Mc 10,1-12).

A EUCARISTIA NEGADA

Como a Igreja no tempo dos apóstolos interpretou a palavra de Cristo a respeito da indissolubilidade matrimonial registrada no Evangelho? O apóstolo Paulo nos dá a seguinte resposta:

> Aos casados mando (não eu, mas o Senhor) que a mulher não se separe do marido. E, se ela estiver separada, que fique sem se casar, ou que se reconcilie com seu marido. Igualmente, o marido não repudie sua mulher (1Cor 7,10-11).[23]

São palavras que deixam pouca margem a uma interpretação liberal. A Igreja católica julga, portanto, que quem se casa de novo está em contradição com a palavra de Deus. A eucaristia é o sacramento da comunhão plena com Deus e não pode ser dada a quem vive em contradição com a Sagrada Escritura. Quem casa de novo está, pelo menos aparentemente, contrariando o compromisso assumido no dia do casamento, quando prometeu receber o cônjuge para sempre: *na alegria e na tristeza, na saúde e na doença*. Quem se casou *no Senhor* (1Cor 7,39) fez opção consciente pelo matrimônio indissolúvel. Por isso o papa escreve na *Familiaris Consortio*:

> A Igreja reafirma a sua praxe, fundada sobre a Sagrada Escritura, de não admitir à comunhão eucarística os divorciados recasados. (...) São os próprios (recasados) que não podem ser admitidos, já que seu estado e sua condição de vida contradizem objetivamente àquela união de amor entre Cristo e a Igreja, significada e atuada pela eucaristia. (...) No caso de essas pessoas serem admitidas à eucaristia, os fiéis serão induzidos a erro e confusão a respeito da Igreja sobre a indissolubilidade do matrimônio (FC 84).

---

23. Se alguém quiser aprofundar os fundamentos bíblicos da fé da Igreja na indissolubilidade do matrimônio, pode conferir e meditar os seguintes textos bíblicos: Mt 5, 27-28.32; 19,1-12; Mc 10,1-12; Lc 16,18; 1Cor 6,16; 7,10-14; Rm 7,2-3.

Mesmo que poucos entendam a palavra de Deus e a interpretação que a Igreja lhe dá, não é possível afastar-se dela para agradar as pessoas. Com a palavra de Deus não se pode brincar. A Igreja não quebra galhos e não pode fazer de conta que está tudo bem e que cada batizado pode fazer o que bem entender. Ela deve falar a verdade com amor, não se omitir, mesmo correndo o risco de machucar a sensibilidade de seus filhos. Ela se sente impelida, como o apóstolo Paulo, a falar: "Anunciar o Evangelho não é glória para mim; é uma obrigação que se me impõe. Ai de mim, se eu não anunciar o Evangelho!" (1Cor 9,16).

Também no caso do matrimônio indissolúvel, se "muitos são os chamados, e poucos são os escolhidos" (Mt 22,14). Portanto, "o que tem ouvidos para ouvir, ouça!" (Lc 14,35).

Os recasados e o sacramento da penitência

A mesma disciplina severa é usada pela Igreja quando os recasados solicitam o sacramento da penitência e a absolvição. Esta não pode ser dada a quem entende perseverar no segundo casamento. Para o papa João Paulo II,

> o dúplice e unitário significado de conversão e de reconciliação (na penitência) entra em contradição por causa da condição de vida de divorciados recasados que assim querem permanecer.[24]

Já na *Familiaris Consortio*, João Paulo II tinha dado esta orientação:

> A reconciliação pelo sacramento da penitência - que abriria o caminho ao sacramento eucarístico - pode ser concedida só àqueles que, arrependidos de ter violado o sinal da Aliança e da fidelidade a Cristo, estão sinceramente dispostos a uma forma de vida não mais em contradição com a indissolubilidade do

---

24. JOÃO PAULO II, *Discorso ai participanti alla XIII Assemblea Plenaria del Pontificio Consiglio per la Famiglia* 3, em: CDF, *Sulla pastorale*, p.53.

matrimônio. Isto tem como conseqüência, concretamente, que quando o homem e a mulher por motivos sérios - quais, por exemplo, a educação dos filhos - não se podem separar assumem a obrigação de viver em plena continência, isto é, de abster-se dos atos próprios dos cônjuges.[25]

Os motivos sérios de que fala o papa existem e são muitos. Nem sempre é fácil para os fiéis voltar atrás, mesmo que o queiram. Como fica, portanto, a situação dos recasados que procuram um sacerdote para se confessar? Eles não podem receber a absolvição se, *por motivos sérios*, não têm condição ou não têm vontade de desistir da atual convivência matrimonial. A condição para eles poderem ser absolvidos é o retorno à fidelidade prometida quando do primeiro e único casamento. Enquanto estes nossos irmãos estiverem vivendo como marido e mulher, não é possível conceder a eles a absolvição. A indissolubilidade matrimonial é algo divino que ninguém pode modificar.

OS SACERDOTES E OS DIVORCIADOS RECASADOS

Como devem comportar-se os sacerdotes? Como se pode deduzir das orientações oficiais acima reproduzidas, o ministério dos sacerdotes no atendimento dos recasados é particularmente delicado. Os pastores enfrentam, às vezes, situações doloridas e de conflito interior porque não é fácil o seu papel de fidelidade à Igreja e de compreensão dos irmãos que recorrem a eles. Eles se vêem às voltas com um impasse que pode apresentar três momentos diferentes: a) a doutrina da Igreja; b) o sentimento pessoal de dó e de solidariedade para com os fiéis; c) a incompreensão de alguns recasados que fazem uma injusta pressão ou até agridem os sacerdotes.

---

25. JOÃO PAULO II, FC 84.

Muitos pastores parecem ignorar toda a problemática dos recasados ou têm medo de enfrentá-la. Como admite o Pe. Muraro,

> os párocos estão assustados. Muitas vezes eles são tentados a considerar válida somente a concepção legalista da moral. Em vez disso, quando se privilegia um elemento mais do que outros obtêm-se como resultado diversas morais; por exemplo, a moral da graça ou a moral da lei.[26]

Ainda, como afirma o Pe. Batista Borsato,

> a realidade parece estar dividida entre quem exclui, sem prestar atenção aos aspectos humanos ou espirituais escondendo-se atrás do escudo das normas da Igreja, e quem minimiza os efeitos da aplicação da disciplina eclesiástica, ou secretamente a transgride.[27]

Mas não faltam os que se dediquem com coragem a buscar uma solução que não signifique traição do Evangelho. O que diz a Igreja a todos os sacerdotes?

Na hora em que os recasados solicitam sua ajuda,

> os pastores são chamados a fazer sentir a caridade de Cristo e a materna proximidade da Igreja; saibam eles acolhê-los com amor, exortando-os a confiar na misericórdia de Deus, e sugerindo-lhes com prudência e respeito caminhos concretos de conversão e de participação na vida da comunidade eclesial.[28]

Quem convive com os sacerdotes sabe muito bem que a maioria deles carrega nos ombros vários casais recasados em constante busca de apoio e compreensão. Esses sacerdotes usam normalmente o oitavo sacramento, *o sacramento da amizade*. O mesmo vivido intensamente por Jesus. Por amizade e ministé-

---

26. Declaração prestada à revista italiana *Famiglia Cristiana*, n. 44, 711/99, p. 19. Pe. Giordano Muraro é sacerdote da Ordem de São Domingos e docente de Teologia Moral em Turim (Itália).
27. Declaração prestada à revista italiana *Famiglia Cristiana*, n. 44, 7/11/99, p. 19. O Pe. Borsato é responsável pela pastoral familiar da diocese de Vicenza (Itália).
28. CDF, *Carta aos Bispos*, 2, em: CDF, *Sulla pastorale*, p. 33.

rio, os sacerdotes choram com muitos casais que, sinceramente, vivem melhor a segunda união do que a primeira. Muitos sacerdotes inclinam-se para uma *solução de consciência*. Isso quer dizer que eles acham simpática a idéia de que os recasados, que tiverem certeza de que o primeiro matrimônio foi realmente inválido, em consciência poderiam decidir receber a eucaristia.

Porém, as orientações da Igreja não deixam dúvidas.

> Conscientes de que a autêntica compreensão e a genuína misericórdia não estão nunca separados da verdade, os pastores têm o dever de lembrar a estes fiéis a doutrina da Igreja a respeito da celebração dos sacramentos e particularmente da recepção da eucaristia.[29]

Assim, o drama dos irmãos recasados torna-se um desafio dolorido também para os sacerdotes. Além de não poderem dar a absolvição, os padres não devem também marcar com nenhum gesto religioso o rito civil ou o ato com que os desquitados passam a se considerar marido e mulher antes de conseguir a declaração de nulidade do casamento anterior. O que responder aos que acham que a disciplina da Igreja é severa demais e perguntam: *a Igreja não poderia ao menos fazer uma oração ou dar uma benção aos fiéis que casam civilmente pela segunda vez?* Os presbíteros só podem transmitir estas palavras do papa:

> O respeito devido quer ao sacramento do matrimônio quer aos próprios cônjuges e aos seus familiares, quer ainda à comunidade dos fiéis proíbe os pastores, por qualquer motivo ou pretexto mesmo pastoral, de fazer em favor dos divorciados que contraem uma nova união, cerimônias de qualquer gênero. Estas dariam a impressão de celebração de novas núpcias sacramentais válidas, e conseqüentemente induziriam em erro sobre a indissolubilidade do matrimônio contraído validamente.
>
> Agindo de tal maneira, a Igreja professa a própria fidelidade a Cristo e à sua verdade; ao mesmo tempo comporta-se com espirito

---

29. Ibid. 3, p. 35.

materno para com estes seus filhos, especialmente para com aqueles que, sem culpa, foram abandonados pelo legítimo cônjuge.[30]

As palavras da Igreja são fortes também para os sacerdotes aos quais cabe a delicada tarefa de explicar aos fiéis as razões dessa disciplina com termos apropriados e convincentes. Honestamente, os padres não podem perder a sintonia com o magistério eclesial do qual são os porta-vozes. E sofrem quando bons casais se afastam da comunidade com o rosto triste por não terem encontrado a compreensão que esperavam.

Às vezes, ouve-se dizer que algum sacerdote teria autorizado um(a) desquitado(a) recasado(a) a comungar em outra igreja para evitar um escândalo. Isso pode até ter acontecido de verdade *por causa da dureza do (nosso) coração* (Mt 19,8), mas nenhum presbítero tem o poder de dispensar alguém do dever de obediência à Igreja, como também nenhum sacerdote tem o direito de falar publicamente ou de induzir particularmente os fiéis a pensar que lhes é lícito fazer o contrário do que a Igreja manda. A coragem da *verdade dita com caridade* (cf. Ef 4,15) trará mais vantagens ao sacerdote do que o medo de melindrar os recasados reafirmando a doutrina da Igreja.

É necessário precaver-se diante da possibilidade concreta de um recasado afirmar que foi o confessor quem o autorizou a comungar em outra paróquia. Como todos sabem, nenhum confessor, por causa do sigilo sacramental, pode se defender das acusações de seus penitentes. Portanto, não se deve dar muito peso a quem justifica a sua decisão de receber o corpo do Senhor alegando uma autorização recebida do confessor.

Quando uma pessoa recasada ou convivente *more uxório* (como marido e mulher) com alguém que não é seu cônjuge considera-se com o direito de aproximar-se da eucaristia,

---

30. JOÃO PAULO II, FC 84.

os pastores e os confessores, graças à gravidade da matéria e a exigências do bem espiritual da pessoa e do bem comum da Igreja, têm o grave dever de admoestá-lo de que seu juízo de consciência está claramente em contradição com a doutrina da Igreja.[31]

Em todo caso,

> é necessário iluminar os fiéis interessados para que não pensem que sua participação na vida da Igreja esteja reduzida exclusivamente à questão da comunhão eucarística.[32]

Cada um pode imaginar o desgaste que atinge os sacerdotes pastores os quais não querem e não pensam em desobedecer às orientações da Igreja, mas não têm também muitos recursos para enxugar as lágrimas de bons fiéis recasados. Felizmente, está aumentando também o número de bispos que sustentam o delicado trabalho dos sacerdotes, assumindo pessoalmente posturas corajosas e caridosas ao mesmo tempo, tentando conjugar a lei com a graça. O bispo de Bolzano (Itália), D. Wilhelm Egger, é um pastor que compreende o drama dos presbíteros e resolveu caminhar ao seu lado no atendimento aos recasados. Em 1992 publicou um documento dedicado à questão das segundas núpcias: *Lembrem-se dos cinco pães. Carta pastoral a ser completada nas comunidades.*

> Somente Nosso Senhor consegue harmonizar a misericórdia e a verdade. O que nós podemos fazer para afirmar essa misericórdia é o acompanhamento das pessoas em sua caminhada, como Jesus acompanha os discípulos em direção a Emaús. A Igreja adquirirá autoridade ouvindo as pessoas: terá mais autoridade co-dividindo sua caminhada e ficando atenta às suas perguntas. É necessário aprender a linguagem das pessoas e aceitar seus dons, escutar, compreender as histórias pessoais, os sofrimentos. As dioceses devem declarar oficialmente que existe nelas essa vontade de acompanhar as pessoas.[33]

---

31. CDF, *Carta aos Bispos*, 6, p. 39.
32. Ibid. 6, p. 39.
33. Depoimento feito à revista italiana *Famiglia Cristiana*, n. 44, 7/11/99, p. 20-21.

Capítulo IV

Quais são as soluções possíveis?

O que mais interessa a todo mundo é saber como um(a) recasado(a) pode fazer para recuperar a paz da consciência, deixar de viver de maneira que a Igreja considera irregular e voltar a ter vida sacramental plena. Entre todos os recasados existem situações diversificadas. Há quem tenha acolhido a graça da conversão, tenha se arrependido e deseje sinceramente seguir as orientações da Igreja de acordo com o cônjuge. Porém, uma separação entre os dois ou não é possível ou não é aconselhável por causa dos filhos; mais difícil ainda seria a volta ao primeiro cônjuge. Há quem se tenha dado conta de ter errado mais uma vez porque o novo companheiro não é melhor do que o primeiro e busca forças na eucaristia. Há quem conviva com uma pessoa sem fé, mas honesta e compreensível, que deixe o(a) companheiro(a) livre para praticar sua religião; até se casaria na Igreja, se isso fosse possível.

Os casos poderiam ser multiplicados. Enfim, quais são as soluções possíveis para que o(a) católico(a) recasado(a) possa receber a eucaristia?

A separação do segundo companheiro ou a decisão dos dois de viver em continência como se fossem irmãos

Este é o primeiro passo, ainda que difícil e improvável, para que os recasados possam normalizar sua vida sacramental dentro da Igreja. Enquanto o casal interessado estiver vivendo como marido e mulher, não lhe é permitido o acesso à comunhão eucarística. O mesmo deve-se dizer do solteiro(a) que namora um recasado(a). A ignorância comum entre os fiéis faz com que muitos pensem que uma pessoa não casada possa namorar tranqüilamente uma recasada sem pecar. Todos devemos obedecer aos 10 mandamentos e ao Evangelho. Quem namora um divorciado está, aparentemente, compactuando com sua infidelidade ao compromisso assumido no dia em que recebeu o sacramento do matrimônio.

O cardeal Ratzinger explica assim essa orientação disciplinar da Igreja:

> Para que os divorciados que contraíram uma nova união civil, possam receber validamente o sacramento da reconciliação, o qual abre o acesso à sagrada comunhão, devem estar seriamente dispostos a mudar a sua situação de vida, de tal forma que ela não esteja mais em contradição com a indissolubilidade do matrimônio.
>
> Isso concretamente significa que eles devem se arrepender de ter quebrado o vínculo sacramental matrimonial, o qual é imagem da união esponsal entre Cristo e a Igreja, e devem se separar da pessoa que não é o seu legítimo cônjuge. Se por motivos sérios, por exemplo a educação dos filhos, isso não for possível, eles devem propor-se a viver em plena continência (cf. FC 84). Com a ajuda da graça que tudo supera e de seu esforço decidido, sua relação deve transformar-se cada vez mais numa ligação de amizade, de estima e de ajuda recíproca. Essa é a interpretação que a *Familiaris consortio* oferece a respeito da chamada *probata praxis Ecclesiae in foro interno*.[34]

O prefeito da CDF reconhece que

---

34. J. RATZINGER, Introduzione, oc., p. 17-18.

esta solução é exigente, sobretudo quando se trata de pessoas jovens. Por esta razão, é de suma importância o acompanhamento prudente e paterno de um confessor, que oriente passo a passo os fiéis interessados *a viver como irmão e irmã*. Sobre este aspecto deveriam ser desenvolvidas mais iniciativas pastorais.[35]

Cabe às dioceses, portanto, organizar-se melhor para atender a essa sugestão do cardeal Ratzinger.

As dificuldades de assumir essa postura espiritual são reais. Mesmo assim, alguns cristãos conseguem adotá-la como opção. Lembro-me de um episódio que teve como protagonista o primeiro arcebispo de Londrina (PR), D. Geraldo Fernandes, falecido em 1981. Certa vez, ele atendeu ao pedido de um conhecido doente, um divorciado que convivia com uma senhora muito religiosa. O arcebispo foi visitá-lo e escutou o desabafo previsível. Ele e a companheira queriam tanto comungar e queriam saber como fazer isso já que não podiam casar-se por causa de um matrimônio anterior. Dom Geraldo explicou para os dois a condição da Igreja: viver como irmãos. "Nós topamos isso – disseram eles –, pois a comunhão nos faz muita falta". Ambos foram atendidos na hora em confissão. Chegando em casa, o arcebispo, ainda emocionado, contou-nos o caso e perguntou: "Se os dois, num momento de ternura compreensível, tiverem uma relação, você os absolveria de novo?" A pergunta deixou-nos boquiabertos. Como nós demorássemos para responder, ele mesmo completou: "Vocês não absolvem quem freqüenta uma casa de meretrício ou vive nela e se diz arrependido? Pois bem, estes dois amigos se amam com o coração e não buscam aventuras fora do lar. São pessoas sérias em quem temos de confiar. Se um dia tiverem uma intimidade por amor, não poderão ter acesso novamente à misericórdia de Deus?"

---

35. Ibid., p.18.

O processo de declaração de nulidade do casamento

Poucos sabem que a Igreja oferece a todos a possibilidade de estudar se o casamento celebrado foi nulo. O processo para apurar a verdade não é nem muito caro nem muito demorado. Nem todas as pessoas que sofreram por causa do fracasso matrimonial estão dispostas a abrir de novo as feridas. Por isso, elas não têm muita vontade de se submeter ao processo que acham dolorido, humilhante e demorado. Viver numa situação irregular passa, então, a ser um mal menor e muitos acabam se juntando. Assim, mais tarde, vêm à procura do tribunal eclesiástico. Isso acontece normalmente quando se trata de batizar os novos filhos ou por ocasião de sua primeira comunhão.

Há pouca informação e muitos equívocos a esse respeito.

Nem todo matrimônio fracassado é nulo, assim também nem todo matrimônio celebrado perante o sacerdote é válido. O Código de Direito Canônico dedica bastante espaço aos casos que tornam nulo o matrimônio católico (cf. os cânones 1073-1094). Nos cursos de noivos e na catequese familiar, deve-se insistir muito sobre o que torna nulo o sacramento e sobre o funcionamento do tribunal eclesiástico. Mais adiante mostraremos quando a Igreja considera nulo o matrimônio e apresentaremos os passos a serem dados para entrar com o processo de anulação.

Sublimar a própria situação

Nem sempre o separado procura compor uma nova família. Algumas pessoas sabem dar um sentido espiritual à própria situação de família incompleta e se dedicam totalmente aos filhos sem ceder à forte e compreensível inclinação a formar outro lar. Também há pessoas que não reivindicam a comunhão eucarística como um direito e a substituem pela comunhão espiritual. Elas aprendem a lidar com seu problema alimentando a fé em Deus através de um diálogo direto com ele, feito de leituras bíblicas e intensa oração que alivia a dor das feridas e alimenta o dom do discernimento. Seu encontro espiritual com o Senhor é muito simples e profundo ao mesmo tempo, mas é autêntico e fortificante. Eles experimentam o que o apóstolo afirma: "Quando me sinto fraco, então é que sou forte" (2Cor 12,10). Desabrocha, assim, uma espiritualidade densa, feita de valores escondidos que afloram na humildade de anônimos cristãos que sentem a presença de Cristo em suas vidas, mesmo que não possam receber seu corpo e seu sangue.

Um divorciado, que é tal não por vontade própria mas por ter sido abandonado, deixou-nos este depoimento:

> De agora em diante eu quero dedicar a minha vida a Deus. Não tenho mágoas da minha esposa, da qual guardo boas lembranças. Porém, não tendo mais responsabilidades diretas para com ela e os filhos, pretendo conhecer mais e melhor a palavra de Deus e colocar-me à disposição da Igreja e dos irmãos.

Ele era ministro da eucaristia e quis permanecer nessa função dentro da comunidade.

Mas nem todos reagem assim ao trauma da separação. A solidão pessoal, a necessidade de um ombro e o desejo de dar mais segurança aos filhos pequenos são bons argumentos que induzem algumas pessoas a partir para uma segunda união. Todos precisam de compreensão. Neste caso, vale a palavra de Jesus: "Existem alguns que se fazem eunucos por causa do Reino" (Mt 19,12); "Quem quiser ser meu discípulo, renuncie a si mesmo, tome a sua cruz e siga-me" (Mt 16,24). De fato, essas palavras de Jesus estão ajudando muitos infelizes divorciados a se dedicarem à família e a renunciar a um segundo casamento. O heroísmo é mais freqüente do que se imagina. Mas não é vocação de todos.

É comum ouvir até de bons cristãos expressões como estas: "Por que você não casa de novo? Todo mundo tem direito de ser feliz novamente! Felizmente, minha filha acabou encontrando o homem certo!"

Os sacerdotes ouvem esse tipo de raciocínio de líderes da comunidade e de bons pais cristãos. Isso é sinal de que tudo o que Evangelho e a doutrina da Igreja dizem a respeito da indissolubilidade matrimonial não penetrou ainda na mente e no coração de muitos fiéis. Muita gente se deixa levar mais pelo sentimentalismo do que pela verdade evangélica. Há uma dicotomia inconsciente entre fé e vida depois de uma separação conjugal.

O matrimônio deve ser concebido como vocação e como uma graça especial que Deus concede às pessoas. Ele não pode ser encarado como um direito nem como condição indispensável para encontrar a felicidade. Se o casamento fosse garantia de felicidade, não haveria fracassos nem famílias desajustadas. Humanamente falando, mesmo as pessoas aparentemente perfeitas estão sujeitas a serem vítimas de decisões ou de parceiros errados.

Certas situações matrimoniais, assim como a aceitação da separação, exigem um ato de *heroísmo*. Quando se consegue dar espaço à graça de Deus, que está à disposição de todos os batizados, nada é impossível. Muitos viúvos e viúvas, por amor aos filhos, preferem e conseguem permanecer sozinhos dando conta da nova realidade. Porém, há casais felizes em sua união que resolveram viver em castidade total por uma razão de entrega pessoal a Deus. Eles se abstêm das legítimas relações sexuais por uma opção espiritual. A graça os sustenta. Os separados não poderiam fazer o mesmo?

Uma pastoral específica torna-se indispensável graças ao grande número de casais irregulares que freqüentam nossas comunidades.

Na ação pastoral dever-se-á fazer todo esforço possível para que se compreenda bem que não há nenhuma discriminação. Trata-se somente de fidelidade absoluta à vontade de Cristo que nos deu e confiou novamente a indissolubilidade do matrimônio como dom do Criador. Será necessário que os pastores e a comunidade dos fiéis sofram e amem junto com as pessoas interessadas, para que possam reconhecer também no seu cargo o jugo doce e o cargo leve de Jesus. (...) É tarefa da ação pastoral, que deve ser desenvolvida com total dedicação, oferecer essa ajuda que tem fundamento na verdade e no amor.[36]

INTEGRAR-SE COM HUMILDADE NA COMUNIDADE SUPERANDO O COMPLEXO DA REJEIÇÃO

Quando os recasados trabalham com os demais membros da comunidade, percebem que são amados, não discriminados, e que seus filhos também não são encarados como párias. Sua dedicação chega a ser exemplar e seu testemunho de vida sofrida pode transformar-se em exemplo concreto de garra para assegurar à família o equilíbrio necessário. Além do mais, sua competência em certos setores da vida social pode revelar-se preciosa para a própria comunidade.

EUCARISTIA E VIDA ETERNA

Como poderemos responder aos recasados que nos perguntam: *Sem a eucaristia somos condenados a uma vida cristã medíocre e à condenação eterna?*

A resposta possível é que *a eucaristia não é indispensável para a salvação eterna, mas para a plenitude de vida em Cristo.* É evidente que, para um cristão, as palavras de Jesus *Tomai todos e comei – Tomai todos e bebei* formam uma espécie de direito sacramen-

---

36. CDF, Carta aos Bispos 10, p. 45.

tal. Mesmo que Jesus diga: "Quem come a minha carne e bebe o meu sangue tem a vida eterna" (Jo 6,54), isso não significa que a salvação esteja garantida automaticamente a quem comunga e que a condenação esteja decretada para quem não recebe a eucaristia. Esta não tem um poder mágico sobre as pessoas. Mais do que a eucaristia vale a obediência à palavra de Deus e o amor pelos irmãos. Quem não faz a vontade do Pai não entrará no Reino dos céus, mesmo que comungue todo dia com o corpo e o sangue do Senhor.

Não se deve esquecer também o que escreve o apóstolo Paulo:

> Todo aquele que comer o pão ou beber o cálice do Senhor indignamente será culpável do corpo e do sangue do Senhor. Que cada um se examine a si mesmo, e assim coma desse pão e beba desse cálice (1Cor 11,27-28).

A eucaristia não é proibida somente aos divorciados recasados, mas a todos os que não vivem de acordo com as leis do reino de Deus. É o que se deduz meditando sobre o que o apóstolo Paulo escreve aos Coríntios:

> Acaso não sabeis que os injustos não hão de possuir o reino de Deus? Não vos enganeis: nem os impuros, nem os *idólatras*, nem os *adúlteros*, nem os *efeminados*, nem os *devassos*, nem os *ladrões*, nem os *avarentos*, nem os *bêbados*, nem os *difamadores*, nem os *assaltantes* hão de possuir o reino de Deus. Ao menos alguns de vós têm sido isso. Mas fostes lavados, mas fostes santificados, mas fostes justificados, em nome do Senhor Jesus Cristo e pelo Espírito de nosso Deus (1Cor 6,9-11).

É melhor não receber o corpo e o sangue do Senhor do que se expor à responsabilidade do sacrilégio e da condenação eterna. Quem, por óbvias razões, não pode receber a eucaristia, deverá alcançar a salvação de outra forma: fazendo obras de caridade e obedecendo à palavra de Deus, a qual afirma:

> Nem todo aquele que me diz: Senhor, Senhor, entrará no Reino dos céus, mas sim aquele que faz a vontade de meu Pai que está nos céus (Mt 7,21).

Se a comunhão eucarística fosse indispensável para ganhar a vida eterna, como se salvariam os católicos, os evangélicos e os pagãos que não comungam? E as crianças, os velhos que não podem participar da missa? E os cristãos que, por causa das distâncias, nunca têm um sacerdote que celebre ou lhes dê a comunhão? A maioria dos seres humanos, sem culpa própria, ignora até a existência da eucaristia ou não tem acesso a ela. Será que eles estão condenados a perder a vida eterna? Deus é pai de todos, mesmo dos que não podem comungar.

Não faltam recasados que invoquem a comunhão como um passaporte para ter cidadania completa na comunidade. Permanecendo a disciplina atual da Igreja, eles têm de se conformar em não poder receber a eucaristia. Permanecendo num estado de vida em contradição com a indissolubilidade do matrimônio, deverão procurar a salvação eterna por meio de outros recursos espirituais.

João Paulo II procura alimentar a esperança e aliviar a decepção dos recasados bem-intencionados com estas palavras:

> Com firme confiança ela (a Igreja) vê que mesmo aqueles que se afastaram do mandamento do Senhor e vivem agora nesse estado poderão obter de Deus a graça da conversão e da salvação, se perseverarem na oração, na penitência e na caridade (FC 84).

ALGUNS EXEMPLOS PARA AJUDAR A COMPREENDER A DOUTRINA DA IGREJA E PARA AMENIZAR A DOR DAS PESSOAS

O recasado que solicita a eucaristia pode ser comparado ao acidentado, ao doente e ao imigrante.

O acidentado, culpado ou vítima, tem direito ao atendimento necessário, mesmo que não recupere a saúde total. A situação da vítima é obviamente mais lastimável do que a do culpado, mas as conseqüências do acidente não dependem da inocência ou da culpa dos envolvidos. Às vezes não existe culpa alguma. O acidentado terá de ser ajudado a conviver com as limitações sofridas. Se alguém perde uma perna num desastre, tem de se conformar com o acontecido e aprender a andar com aquela que sobrou. Os recasados, como o acidentado, podem não ter culpa plena do que lhes aconteceu, mas precisam ser ajudados a assumir as conseqüências de sua situação (opção).

O doente não tem direito de exigir os remédios que ele quer, mas os que lhe são necessários para sua saúde. Reforçamos aqui o que já dissemos antes. O doente que quer sarar deve respeitar as orientações do médico, não impor os seus gostos. Assim deve ser para os recasados, os quais têm o direito de receber da Igreja o que eles precisam e não o que eles querem. Cabe à Igreja não só prescrever o tratamento como também cuidar para que ninguém fique doente e para que o doente possa receber o tratamento necessário. Os recasados, então, devem esperar da Igreja compreensão, carinho e ajuda para sofrer o menos possível as conseqüências do segundo matrimônio.

O imigrante que mora no Brasil e não tem direito ao voto. Esse direito só se consegue com a naturalização. Mas quem não quiser se naturalizar brasileiro, terá de respeitar as determinações legais do país. A lei italiana, por exemplo, não concede a dupla cidadania a um italiano que vive em outro país. Se ele se naturalizar brasileiro, deixa de ser italiano e, se não se naturalizar, não pode votar aqui porque não é brasileiro, mesmo que more no Brasil há muitos anos. Ele poderá até não concordar com isso, mas terá de se submeter às leis dos dois países e se conformar com sua situação. Os recasados vivem uma situação parecida. Eles não têm os mesmos direitos dos outros casados. Sua opção é respeitada, mas, por causa dela, perdem alguns benefícios. Portanto, eles não são discriminados nem injustiçados porque lhes é negada a comunhão.

O segundo casamento é a melhor solução para os cônjuges separados e para seus filhos? Estes são mais beneficiados com um novo casamento dos pais ou com sua permanência na castidade e na viuvez sublimada? Parece que há mais divorciados recasados do que viúvos recasados. É verdade? Em todo caso, o Senhor que alimenta o celibato não tem a mesma força para sustentar os separados? Seu Filho, que morreu na cruz, não tem direito de exigir uma prova de martírio de todos nós?

No matrimônio cristão os cônjuges se unem para sempre, *até que a morte os separe*. Na lógica de Deus, o matrimônio é indissolúvel. Marido e mulher são *como os dois rios que formam um só*. Depois que o rio Negro e o Solimões se juntaram formando o rio Amazonas, não é mais possível voltar atrás. Assim é o matrimônio cristão: uma vez celebrado validamente, os cônjuges não têm mais como anulá-lo, pois eles *se tornaram uma só carne.*

Capítulo V

Quando o matrimônio é nulo?

A Igreja, como também o direito civil, estabelece algumas condições para que o sacramento do matrimônio seja válido. Assim, há determinadas condições, chamadas juridicamente *impedimentos* dirimentes, que, quando ocorrem, tornam o ato da celebração sem efeito. Isso significa que, teoricamente, alguns casamentos são nulos ou inválidos apesar de terem sido celebrados com grande pompa e na frente de inúmeras testemunhas. O Código de Direito Canônico (CDC) chama de *impedimento dirimente* o que impede que o matrimônio seja válido. Os *cânones 1073-1094* são dedicados a essa matéria.

Quais são, então, os impedimentos que tornam nulo o casamento? Vamos apresentá-los de forma resumida para que todos os conheçam e possam tirar suas conclusões.

1) **O impedimento dirimente da idade** (*cânone 1083*)
   O homem que não tenha ainda 16 anos completos e a mulher antes que tenha 14 anos completos não podem contrair matrimônio válido. Não são raros os casos de adolescentes forçados a casar antes da idade impeditiva por terem tido uma suposta relação sexual. Conheci pessoalmente gente que declarou falsamente idade superior dos filhos para conseguir realizar o casamento. Infelizmente, isso acontece muitas vezes.

Portanto, as pessoas que foram vítimas desse crime e se casaram sem obter uma legítima dispensa do impedimento da idade devem saber que seu matrimônio nunca existiu como sacramento.

2) **A impotência coeundi (sexual)** (*cânone 1084*)
Esta impotência consiste na impossibilidade física ou psíquica, quer relativa quer absoluta, de se ter uma relação sexual completa com o próprio cônjuge. Para que o ato se torne nulo, é necessário que a impotência coeundi seja antecedente ao matrimônio e perpétua, relativa e absoluta. A *esterilidade* não impede que o matrimônio seja válido.

3) **A existência de outro matrimônio religioso** (*cânone 1085*)
Esse cânone afirma que "tenta invalidamente contrair matrimônio quem está ligado pelo vínculo de matrimônio anterior, mesmo que esse matrimônio não tenha sido consumado". Isso porque o matrimônio validamente celebrado é indissolúvel e dura até a morte de um dos cônjuges. Já encontrei uma pessoa que admitiu ter casado três vezes na Igreja sem se ter dado conta da lei da Igreja. Falou-me isso tendo ao lado a terceira esposa enquanto me perguntava: "O que devo fazer, agora?" As duas esposas anteriores estavam vivas e, possivelmente, casadas com outros.
Como isso aconteceu? Creio que por falta de diligência na hora de pedir a certidão de batismo ou de registrar nela o casamento acontecido. De fato, no registro dos batizados deve ser anotado o casamento acontecido para evitar que alguém minta e case de novo. As vítimas desse engano são vítimas também da pouca solicitude de nossas secretarias paroquiais.
Certa vez, alguém me alertou que um conhecido seu estava para casar de novo em outra cidade. Deu-me os dados do primeiro matrimônio e fui conferir nos livros da paró-

quia onde tinha sido celebrado. Levei um susto quando li que eu tinha sido o presidente da cerimônia a pedido do vigário. Tentei em vão tomar as providências do caso. A segunda esposa conhecia os antecedentes do noivo? Não saberia dizer. Mais um matrimônio nulo.

4) Impedimento de disparidade de culto
Como prescreve o *cânone 1086*, é inválido o matrimônio entre duas pessoas, uma das quais católica, e outra não batizada, que tenha sido celebrado sem a devida dispensa do impedimento.

5) Impedimento da ordem sagrada
É nulo o matrimônio de sacerdote, diácono celibatário e diácono permanente (*cânone 1087*) e de religiosos(as) ligados por voto público perpétuo de castidade (*cânone 1087*), que seja realizado sem a devida autorização (dispensa) da Igreja.

6) Impedimento de rapto (*cânone 1089*)
Se um dos dois é seqüestrado (raptado) a fim de casamento, não pode existir matrimônio enquanto permanecer a situação de rapto.

7) Impedimento de crime
É inválido o matrimônio de quem, "com intuito de contrair matrimônio com determinada pessoa, matar o cônjuge dessa pessoa ou o próprio cônjuge" (*cânone 1090*). Isso, infelizmente, não é fantasia pois já aconteceu várias vezes. A dispensa desse impedimento só pode ser concedida pela Santa Sé.

8) Impedimento de consangüinidade (*cânone 1091*)
É absolutamente nulo o matrimônio entre pais e filhos, avós e netos e irmãos e irmãs. Sem a devida dispensa da

Igreja, é nulo também o matrimônio entre tios e sobrinhos e entre primeiros primos, quer dizer, quando um ou os dois pais de um noivo são irmãos de um ou dois pais do outro.

9) Impedimento de afinidade (*cânone 1092*)

A afinidade é a relação existente entre os cônjuges validamente casados e os consangüíneos do outro. Este impedimento torna sempre inválido o matrimônio entre um dos dois e os ascendentes ou descendentes do outro. Quer dizer que os viúvos não podem casar validamente com sogro, sogra, enteado, enteada.

10) Impedimento de pública honestidade (*cânone 1093*)

É parecido com o impedimento de afinidade. Só que o impedimento de pública honestidade se dá quando os dois convivem sem ter casado (concubinato notório ou público) ou dentro de um matrimônio inválido. Nesse caso, não pode haver matrimônio válido entre o homem ou a mulher e eventuais filhos ou pais do companheiro.

11) Parentesco legal (*cânone 1094*)

É nulo o casamento entre o adotante e o adotado ou entre um destes e os parentes próximos do outro.

Além dos impedimentos, outras circunstâncias colaboram para que o matrimônio não seja válido.

12) Falta de consentimento

Assim reza o *cânone 1095*:

> São incapazes de contrair matrimônio: 1- os que não têm suficiente uso da razão; 2 - os que têm grave falta de discrição de juízo a respeito dos direitos e obrigações essenciais do matrimônio, que se devem mutuamente dar e receber; 3 - os que são incapazes

de assumir obrigações essenciais do matrimônio, por causa de natureza psíquica.

As circunstâncias previstas por este cânone são mais freqüentes do que se imagina. São elas que mais aparecem nos tribunais eclesiásticos quando se dá entrada ao processo para a declaração de nulidade.

13) **A ignorância a respeito da essência do matrimônio**
O *cânone 1096* define como desconhecimento da essência do matrimônio o "consórcio permanente entre homem e mulher, ordenado à procriação da prole por meio de alguma cooperação sexual".

14) **O erro de pessoa** (*cânone 1097*)
Isso se dá quando alguém pensa que está casando com uma pessoa, quando na realidade se trata de outra.

15) **O dolo perpetrado** (*cânone 1098*)
Isso acontece quando alguém é enganado por dolo perpetrado por outro, a fim de "obter o consentimento matrimonial, a respeito de alguma qualidade" pessoal que não existe, cuja falta "possa perturbar gravemente o consórcio da vida conjugal".

16) **Alguma condição negativa**
A exclusão voluntária e consciente de filhos ou a firme vontade de não viver até a morte o matrimônio o torna inválido.

17) **Medo e violência**
Reza o *cânone 1103*:

> É inválido o matrimônio contraído por violência ou por medo grave proveniente de causa externa, ainda que não dirigido para

extorquir o consentimento, quando, para dele se livrar, alguém se veja obrigado a contrair o matrimônio.

Assim, como foi possível constatar, os casos ou as circunstâncias que podem tornar nulo o matrimônio são muitos e complexos. Por isso, um aprofundamento dirigido poderá ajudar os casais a sanar os erros e a recuperar a liberdade sacrificada num casamento inválido ou nulo. É oportuno divulgar o que a Igreja diz a respeito de casamento nulo para dar condição aos fiéis de discernir o que devem fazer para poder alcançar a declaração de nulidade do primeiro matrimônio.

Capítulo VI

Como contatar o Tribunal Eclesiástico

O que deve fazer quem acredita ter sérios motivos para duvidar da validade de seu matrimônio? Quais devem ser os primeiros passos para iniciar o processo de nulidade?

Há pouca informação a respeito do procedimento a ser adotado para a declaração de nulidade de um matrimônio. Quando uma pessoa acha que seu matrimônio, embora celebrado perante o representante da Igreja, não foi válido, o que deve ela fazer? Nem sempre os sacerdotes e suas secretarias paroquiais sabem informar corretamente, deixando as pessoas agoniadas e confusas. Portanto, é necessário divulgar o mais possível quer os impedimentos que tornam nulo o matrimônio quer o acesso ao *tribunal eclesiástico* que é o órgão responsável para realizar o processo.

O que é um tribunal eclesiástico?

A expressão *tribunal eclesiástico* pode até assustar levando as pessoas a imaginar que se trate de algo complicado, como vêem nos processos e julgamentos que aparecem em muitos filmes e seriados de TV.

Na realidade, o tribunal eclesiástico é um órgão formado por uma equipe (colegiado) de três juízes (*cânone 1425*). Porém, se em primeira instância não for possível formar o colegiado de juízes, a conferência episcopal pode autorizar o bispo a entregar a causa a um único juiz sacerdote(*cânone 1425 & 4*).

QUEM TRABALHA NO PROCESSO?

Durante o processo, intervêm sempre o *defensor do vínculo* (*cânone 1432*) e o *notário* (*cânone 1437*). Cabe ao defensor do vínculo a defesa do vínculo matrimonial e ao notário assinar os atos. Sem a assinatura do notário os atos devem ser considerados nulos.

COMO COMEÇA E SE DESENVOLVE O PROCESSO?

A introdução da causa é feita por meio de um pedido escrito (*libelo*) de uma das partes, a qual solicita a declaração de nulidade do matrimônio (*petitum*) a partir de uma resumida descrição dos fatos e das provas (*cânone 1504*).

O presidente do colegiado, após uma tentativa de reconciliação entre os cônjuges (*cânone 1676*), tem o prazo de um mês para acatar ou rejeitar, por decreto, o libelo (*cânone 1505*). Caso o decreto não seja dado dentro de um mês, passados dez dias depois do prazo, considera-se o libelo admitido (*cânone 1506*).

Depois disso, o presidente deve decretar que a citação seja comunicada à parte requerente, ao outro cônjuge e ao defensor do vínculo (*cânone 1677*).

Passados quinze dias após a notificação, o presidente terá mais dez dias para publicar o decreto e dar continuidade ao processo. Se a outra parte não responder à solicitação, o processo pode continuar após a declaração de sua ausência (*cânone 1592*).

As provas que dizem respeito à presumível nulidade do matrimônio são colhidas durante o interrogatório das partes, das testemunhas e dos peritos. As partes não têm direito de assistir ao interrogatório (*cânone 1678*).

Os depoimentos devem ser registrados durante as audiências. Uma vez terminada a instrutória, o juiz deve publicar os atos (*cânone 1598*).

Se a sentença de nulidade for afirmativa, ela deve ser publicada e transmitida ao tribunal de apelação. O tribunal de segunda instância deverá confirmar ou rejeitar com um decreto (*cânone 1617*) a sentença recebida.

Quando se conseguir uma dupla decisão em favor da nulidade do matrimônio, as partes poderão celebrar um novo matrimônio religioso, pois entende-se que o primeiro nunca existiu.

EM QUE CONSISTE O LIBELO?

O libelo é o pedido escrito que a parte demandante faz para solicitar a abertura do processo para a declaração de nulidade do matrimônio. Seu conteúdo compreende:

- os dados pessoais da parte demandante e da parte demandada (endereço, profissão, religião, etc.);
- exposição dos fatos que podem justificar o pedido. Trata-se de um breve histórico, claro e objetivo, de como nasceu o amor, a decisão de casar, como foi vivido o relacionamento dentro do matrimônio, como se chegou à separação;
- documentos vários: certidão de casamento religioso e civil, documentos relativos à separação;
- rol de cinco testemunhas que tenham conhecimento dos fatos.

Nem toda separação leva necessariamente à declaração de nulidade. Existem casos em que o matrimônio foi celebrado validamente. Portanto, seria um desgaste e uma perda de tempo iniciar um processo sabendo que não daria em nada. Para evitar este risco, é bom que as pessoas interessadas procurem a orientação de um sacerdote ou de um advogado.

Qual é a duração e quanto custa o processo?

A *duração* do processo é bem mais curta do que geralmente acontece nos processos civis. Ela depende da disponibilidade de tempo dos envolvidos: o casal, suas testemunhas, os juízes. O calendário das audiências é estabelecido de acordo com essa disponibilidade. Podemos dizer que um processo bem-sucedido pode durar cerca de um ano no Tribunal de Primeira Instância e não mais de seis meses no Tribunal de Segunda Instância. A demora pode depender, às vezes, da falta de tribunais e do número grande de processos em andamento.

Às vezes, encontram-se pessoas que chegam a fazer o pedido anos depois da separação e quando já começaram um novo namoro. Nesse caso elas têm pressa em conseguir a declaração de nulidade. Um tribunal eclesiástico não pode levar em conta a pressa da parte demandante.

O *custo* do processo é relativamente baixo. O peso do trabalho é sustentado por gente gabaritada que merece receber uma recompensa por sua participação. Mesmo que juízes, notário e defensor do vínculo não visem ao lucro, eles são profissionais que precisam receber retribuições pelo trabalho sério que desenvolvem e que exige plena dedicação. Como não formam nenhuma associação de voluntariado que trabalha de graça, para eles também vale o que diz o evangelho: "O operário é digno do seu salário" (Lc 10,7). Além disso, há outras despesas conexas com o trabalho de um tribunal.

A CNBB estabelece tabelas de custas para determinar qual será a contribuição econômica da parte demandante e os honorários de quem trabalha nos processos.

De pessoas comprovadamente pobres não são cobradas as despesas do processo. A Igreja local prevê para elas uma ajuda de custo especial chamada *patrocínio gratuito*.

Conclusão

Pode ter sabor de paradoxo, mas ousamos afirmar que entre os recasados há muitos que levam uma vida santa. Um deles, entre tantos outros, mesmo aceitando a disciplina da Igreja, não se conforma com ela e teve a coragem de dar o seguinte testemunho:

> Eu abençôo a minha separação porque por meio dessa triste experiência redescobri o Senhor e, junto com minha esposa Helga e minha filha Roberta, agradeço o Espírito Santo que entrou em nossa casa.

Comentando a impossibilidade de receber a eucaristia no dia da crisma da filha acrescentou:

> É difícil responder às perguntas da criança sem dar a impressão de que a Igreja é uma instituição que pune. É difícil compreender por que a minha esposa, que se casou com um divorciado, não pode receber a eucaristia. Porém, o fato de poder freqüentar a Igreja todos os domingos, com minha nova família, me ajuda a pensar que o Senhor não me abandonou. Aceito, mas isso não significa que concordo.[37]

---

37. Testemunho prestado à *Famiglia Cristiana* N. citado, p. 20.

Muitos matrimônios não aconteceriam se a Igreja realizasse uma séria pastoral preventiva. O papa e os bispos insistem sobre isso, mas essa pastoral ainda não existe na medida desejável. Casamentos continuam acontecendo em mutirão, ou com pompa e superficialidade espiritual, bem distantes da lógica cristã. Não há uma seleção de casais na hora de decidir entre dar ou não o sacramento do matrimônio. Falta um *itinerário pastoral* rico em conteúdos para acompanhar os candidatos ao sacramento. E tudo isso nos leva a crer que ainda teremos, por longo tempo, numerosas frustrações nesse campo tão delicado. Mais lágrimas serão derramadas, novas vítimas dos fracassos familiares baterão às nossas portas, e nós, saberemos acolhê-las? Como elas poderão agir para ser fiéis à Igreja?

Nem todo fracasso matrimonial é devido à falta de seriedade ou de fé. As causas das separações são muitas e nem todas previsíveis ou evitáveis. Em todo caso, tem sentido a seguinte observação:

> A falta de fé no sacramento que nos escandaliza quando dois cônjuges consideram acabado o seu matrimônio é, muitas vezes, a mesma falta de fé que não nos escandalizou quando eles celebraram o matrimônio. Se a instituição familiar atravessa uma crise tão grande até causar um número, por diversos motivos, significativo de fracassos, a Igreja não pode limitar a própria atenção a catar os cacos quebrados, mas deve perguntar-se que não funciona durante o nascimento e o crescimento do casal. Ela não pode confiar às estatísticas sociológicas a análise do problema nem atribuir ao pluralismo cultural as respectivas causas.[38]

A preparação para o casamento deve ser feita por um itinerário espiritual que ofereça aos noivos conteúdos sólidos para ali-

---

38. MARA BIANCHI, *Matrimoni in crisi. Dov´é la pastorale?* Artigo publicado pela revista italiana: *Settimana*, n. 38, p. 1-16, 24 de outubro de 1999.

mentar seu amor e sua decisão de *casarem-se no Senhor*. Os noivos que não têm uma prática normal da fé precisam ser ajudados a aceitar e a percorrer esse itinerário do amor junto com a Igreja. Os cursos de noivos tradicionais já não bastam mais. Há casos em que eles só servem como autorização para a realização da cerimônia dentro do recinto sagrado. Certos casamentos chegam a ser uma vergonha e uma afronta ao Espírito Santo. Noivos sem vivência de fé usam e abusam da igreja, abafando, sob toneladas de flores, velas e músicas profanas, a manifestação do divino que deveria ser visível a todos no momento do casamento.

Contrariamente ao que aconteceu em Caná, nessas festas de bodas nunca falta o vinho, o uísque importado. Mas faltam o Cristo, sua mãe, seus discípulos. Se pelos frutos se reconhecem as árvores, é possível perceber de onde vêm tantos fracassos. Até quando continuaremos assim? Para mudar necessitamos de coragem.

Precisamos mudar de mentalidade e assumir uma postura mais responsável perante a vocação matrimonial de dois cristãos. Muitas paróquias estão desorganizadas e são inadequadas para atender os noivos e acompanhá-los na subida ao Tabor da felicidade familiar que é o matrimônio.

Nem tudo, no entanto, está perdido. Cremos profundamente na força da graça, a qual opera sobretudo nas circunstâncias mais difíceis. "Quando me sinto fraco, então é que sou forte" (2Cor 12,10). O mesmo Espírito que sustenta o celibato, a fé dos doentes, a coragem dos perseguidos é capaz de dar aos divorciados a força necessária para assumir uma situação que é certamente muito complexa. Uma vez conscientizados, os cristãos de hoje são capazes de atos heróicos tanto quanto os de ontem. Se, antigamente, os discípulos de Cristo mostravam sua fidelidade perante os perseguidores, atualmente eles a mostram aceitando o fracasso matrimonial e enfrentando suas conseqüências com coragem.

Parece ser esta a perspectiva que se abre aos recasados que querem viver o próprio drama com a certeza de que Cristo está com eles. Para todos, valem as palavras de Jesus: "Se alguém quiser vir comigo, renuncie-se a si mesmo, tome sua cruz e siga-me" (Mt 16, 24); "Sem mim nada podeis fazer" (Jo 15, 5).

Muitos recasados estão carregando a cruz e seguindo o Cristo de perto. Só esperam que a Igreja seja para eles um cireneu um pouco melhor do que aquele que ajudou, sem entusiasmo algum, Jesus na subida ao Calvário.

BIBLIOGRAFIA

BIANCHI, Paolo. *Quando il matrimonio è nullo?* Guida ai motivi di nullità matrimoniale per pastori, consulenti e fedeli. Milano, Ancora, 1998.

CASTELLI, Jaimes. *Que está haciendo la Iglesia por los católicos divorciados y casados de nuevo?* Claretians Publications, 1980.

CONGREGAZIONE PER LA DOTTRINA DELLA FEDE. *Sulla pastorale dei divorziati risposati.* Documenti, commenti e studi. Libreria Editrice Vaticana, 1998.

GRUPO DE CASAIS BOM PASTOR. *Pastoral dos casais de 2ª união.* Porto Alegre. Mimeografado.

JOÃO PAULO II. *Carta às famílias.*

JOÃO PAULO II. *Familiaris consortio*, n. 84.

KASPER, Walter. *Teologia do matrimônio cristão.* São Paulo, Paulinas, 1993.

Le BORGEOIS, Armand. *Questões dos divorciados à Igreja.* São Paulo, Ave-Maria, 1996.

LEGRAIN, Michel. *A Igreja e os divorciados.* São Paulo, Paulinas, 1989.

MITRA ARQUIDIOCESANA DE PORTO ALEGRE. *Como encaminhar uma causa de nulidade matrimonial ao tribunal eclesiástico*. Porto Alegre, 1994.

Revista *Pergunte responderemos*. Divorciados recasados. Rio de Janeiro, n. 431, p. 162-172, abril 1998.

Revista *Pergunte responderemos*. Separados e recasados. Rio de Janeiro, n. 436, p. 429-33, setembro 1998.

APÊNDICES

A seguir encontram-se quatro textos cuja finalidade é ajudar a quem quiser se aprofundar no estudo do tema abordado nas páginas anteriores. Cremos que é necessária sua inclusão neste livro tendo em vista que nem todos os leigos têm à disposição os documentos da Igreja que orientam os fiéis em matéria tão delicada.

O primeiro deles é um texto de ficção, um conto de nossa autoria – O *pai pródigo*, que mostra as conseqüências para a família do abandono do lar por parte do pai.

Os demais textos provêm de documentos da Igreja católica e são os seguintes:

- O parágrafo 84 da *Familiaris Consortio* do papa João Paulo II.
- Carta da Congregação para a Doutrina da Fé aos bispos da Igreja católica a respeito da recepção da comunhão eucarística por fiéis divorciados novamente casados.
- Parte de um documento dos bispos italianos que trata do nosso tema.

Apêndice I

O pai pródigo

Era uma vez um homem que tinha um casal de filhos. Um dia, ele se cansou de ser pai e de ter de cuidar dos filhos e da esposa. Então os reuniu e disse para os três:
– Eu vou-me embora. Vou viver a minha vida. Deixo-lhes tudo o que precisarem para viver.
Olhou finamente para os filhos que choravam e continuou.
– Já cresceram bastante e sabem se virar sozinhos. Adeus.
Também disse um rápido adeus à esposa e foi-se sem se dar conta de ter arrancado deles o que mais precisavam para viver: o amor de um pai e de um marido.
Dentro de poucos dias estava bem longe de casa, respirando o ar da liberdade que tanto queria. Não tinha hora para deitar ou para levantar, e nem precisava mais trabalhar para alimentar os filhos. Também não tinha mais compromisso com ninguém. Essa sim que era vida!
Com todo o dinheiro que possuía, passou de farra em farra, fez muitos amigos e teve mulheres à vontade. Como tantos homens sem cabeça, estava convencido de que a troca de mulheres era a melhor maneira de curtir a liberdade. Para ele também, liberdade rimava com irresponsabilidade. Durante dias afora nem se lembrou dos filhos e da esposa. Viveu como se nunca tivesse sido pai nem marido. As diversões eram muitas e atraentes. Não havia como se cansar e nem como se arrepender. Viajou muito, visitou países diferentes, conheceu povos e

culturas interessantes. Tudo era tão gostoso e fascinante que não via o tempo passar.

Mas antes mesmo que o dinheiro acabasse, começou a sentir um pequeno mal-estar indecifrável, lá no fundo de seu ser. Não sabia bem explicar o que era. Não era uma dor física; parecia um tumorzinho que doía na alma e invadia sua existência. Acabou enjoado com o ritmo que levava e perdeu a vontade de sair com os companheiros de farra. Nada mais tinha sentido para ele. O pior era que não sabia explicar o que estava acontecendo. Começou a passar dias inteiros deitado com olhos fixos nas paredes do quarto ou na televisão. Às vezes, o telefone tocava sem parar, mas ele não se levantava para atender. Sabia que amigos e mulheres de aventura não queriam perdê-lo de vista; ele, porém, estava ficando cada vez mais indiferente a tudo o que antes lhe preenchia a vida.

Um dia amanheceu com uma luzinha dentro do coração. Era a lembrança da infância que voltava à tona e lhe provocava ao mesmo tempo uma saudade agradável e uma tristeza incontida. As imagens vinham de longe, numa mistura confusa e dolorida. Via a mãe labutando para cuidar dele e dos irmãos. O rosto da jovem mulher, precocemente enrugado e tenso, estava aí na frente dele, sorria-lhe e desaparecia; ia e voltava. Por uns instantes achou gostoso ver-se de novo criança ao lado da mãe, mas a dor secreta não lhe deu mais um só instante de trégua. Não porque a mãe morrera. A morte causa uma dor suportável! Basta dar-lhe um sentido. O que era então que doía tanto assim?

A resposta veio com o tempo. Havia um grande vazio em sua história, e agora ele se lembrava perfeitamente do que acontecera. Certa vez, o pai sumira de casa sem se importar com os filhos e com a esposa. E ele, garotinho, nunca se conformara em saber que o pai formara outra família e que agora tinha outros filhos mais importantes do que ele. O rapaz crescera, assim, com uma grande revolta dentro de si. Não conseguia viver sem ter um pai que o amasse. Sentiu-se rejeitado e humilhado. Isso era demais para ele. Desde então, procurou esquecer a humilhação de filho abandonado.

Sentado na poltrona e olhando pela janela com o olhar perdido, sentia-se infeliz por causa do passado. Por que será que os adultos fazem essas coisas? De repente eles resolvem deixar de lado as crianças, como se fossem brinquedos estragados, e passam a se divertir com outras coisas. Os compromissos assumidos não contam mais nada e as leis estão do lado deles porque são feitas por eles. Por que será que os pais se separam e abandonam os filhos?

A pergunta doeu nele. Sentiu que durante a vida toda sempre lhe faltara o pai. Era isso que explicava o secreto tormento que tirava a paz de seu coração. Um repentino calafrio sacudiu-o. A lembrança dos filhos e a saudade da esposa o traspassaram como uma espada. A verdade apareceu-lhe cruel: como nunca tivesse sido um filho realizado, acabara deixando também de ser pai e marido. Como estarão os filhos agora? Terão crescido muito? Com quem estarão se parecendo, com ele ou com a mulher? Onde estarão morando? E se a esposa estivesse casada com outro? "Eu a mato", pensou com tristeza e raiva.

Não deu espaço para a dúvida de tal maneira que a decisão surgiu na hora. Olhou para o céu e suspirou profundamente. Intuiu claramente que, por ter tido um pai fraco, afastara-se do verdadeiro Pai, abandonando ao seu mesmo triste destino seus próprios filhos.

Sentiu um impulso instintivo de rezar. Fazia muito tempo que não pensava em Deus e não entrava em uma igreja. Mesmo assim a luz que inundou seu coração foi forte e decisiva. Ele se levantou e retomou às pressas o caminho que o levaria de volta aos filhos.

A tarde estava findando e o sol, já escondido por trás das colinas, deixava um rastro colorido entre as nuvens. A rua movimentada mostrava gente apressada querendo chegar rapidamente em casa. A mulher estava arrumando a mesa enquanto a comida esquentava sobre o fogão. O telefone tocou e ela atendeu, após ter baixado as chamas.

– Cida, você está bem? – Era uma amiga.

– Graças a Deus, estou bem mesmo. E você?

– Então prepare-se porque vai ter novidades.

– Que novidades? Conta logo! – Houve uma pausa que deixou a Cida preocupada. – O que aconteceu?

– Seu marido está na cidade. Eu passei por ele de carro. Ele estava andando pela calçada na direção de sua casa. Será que está voltando? Neste caso, dentro de alguns minutos deve chegar aí.

A notícia fez as pernas da Cida tremerem, e ela corou imediatamente. Estava confusa e emocionada. Seria verdade? A amiga não teria confundido um homem com um outro? Depois de muitos anos de espera dolorida e sem notícias, não estava mais contando com a volta do marido, apesar de nunca ter perdido a esperança de revê-lo.

Quando a campainha tocou, ela já estava preparada. "É ele", pensou e abriu imediatamente a porta. O marido estava mais gordo, mas bem-arrumado. Olhou para ela e tentou dizer alguma coisa, mas os olhos encheram-se de lágrimas e a emoção sacudiu-lhe o corpo inteiro.

– Bem-vindo – disse ela, esforçando-se para não demonstrar fraqueza. O que podia dizer além disso?

O homem conseguiu se controlar, olhou para a esposa com olhos suplicantes e perguntou:

– Como está você?

A resposta foi um abraço silencioso, molhado de lágrimas. Uma alegria sincera tomou conta da mulher que arrastou o marido até à poltrona e o fez sentar. Deixou que o silêncio envolvesse a casa toda e que os soluços do marido fossem diminuindo até parar. Teve pena daquele homem humilhado na sua frente, pena e uma espécie de ternura materna. Ele pareceu-lhe mais um filho do que um marido. Um filho envelhecido demais. Não quis feri-lo com perguntas que poderiam ser feitas mais tarde. Permaneceu em silêncio sem parar um só instante de olhar para aquele trapo de homem aos seus pés.

Não era bom que os filhos vissem o pai tão abatido. Estava emocionada, mas soube controlar as lágrimas que ameaçavam sair abundantemente de seus olhos. Quando viu o marido mais relaxado, foi até o quarto dos filhos, bateu à porta e entrou sem esperar resposta. O filho mais novo estava deitado na cama, assistindo à televisão. Era um rapaz alto e magricela, de uns vinte anos. Tinha o olhar triste que à mãe pareceu de irritação. Ela sentou-se ao seu lado e com uma mão bateu-lhe delicadamente nas costas.

– O que está acontecendo, mãe?
– Quero lhe falar, filho.
– Bem agora que o programa está tão interessante? Não pode ser numa outra hora?

A mulher hesitou, mas acabou dizendo num sopro:
– Seu pai voltou. Ele quer vê-lo.

O rapaz ergueu-se subitamente. Os olhos faiscaram cinicamente e avermelharam de raiva.
– Ele pode ir para o inferno. Eu não quero saber dele.

Ela não se deixou impressionar. Puxou o rapaz e o abraçou sentindo aquele jovem corpo rijo que aos poucos amolecia em seus braços. Acariciava-lhe os cabelos enquanto lhe falava.

– Ele é sempre seu pai, mesmo que tenha errado. Se ele voltou é porque nós continuamos sendo importantes para ele.
– Não, não quero vê-lo. O que ele fez conosco não foi erro, mas crueldade. Ele deixou de ser meu pai no dia em que

se foi embora. Se ele quiser um prato de arroz e feijão, tudo bem, a senhora pode lhe dar. Mas nesta casa não há mais lugar para ele. Passei vergonha demais por sua causa. Agora não estou a fim de passar uma borracha em cima de tudo o que sofri por ele nos ter abandonado...

O rapaz estava muito chateado e machucado. A raiva, às vezes, é o disfarce da dor. A mulher, em vez de desanimar, insistiu:

– Enquanto tiver para ele um cantinho em nossos corações, haverá lugar também nesta casa. O perdão apaga a vergonha e reacende o amor antigo. Venha.

Puxou-o com firmeza para erguê-lo. Ele deixou-se levantar, depois despencou num choro silencioso, enquanto a mãe o abraçava e acariciava com ternura. Quando ele se acalmou, ela o guiou até a sala.

O marido estava ainda sentado, escondendo os olhos com as mãos e escorando os cotovelos nos joelhos. Estava tão alheio que quase não se deu conta que a mulher e o filho o encaravam ansiosos. Quando ergueu a cabeça e viu o filho na sua frente, por uns instantes não soube como se comportar. Tinha deixado um menino, mas agora ele via um homem feito e decidido. Os dois entreolharam-se em silêncio, estudando-se reciprocamente. O pai sentiu que o olhar do filho era de desafio e de desprezo, mas reagiu forçando um sorriso.

– Cresceu um bocado, filho. Você está mais alto do que eu. Como vai na escola?

O jovem não resistiu ao tom meigo e humilde, perdeu o ar de arrogância e impulsivamente atirou-se nos braços do pai.

– Eu sei que não mereço este abraço – dizia o homem com sinceridade. – Você não imagina o bem que ele me faz. Que estupidez eu cometi em deixá-los!

Uma hora mais tarde a mesa estava posta. Enquanto pai e filho ficaram conversando, a mãe aprontara rapidamente a janta. De vez em quando ela dava uma olhada pela janela. As ruas e as casas já estavam iluminadas. As lojas exibiam seus múltiplos enfeites. As pessoas mais folgadas paravam diante delas, observando coisas e preços. Os desejos eram muitos, mas o dinheiro no bolso, escasso. A mulher conhecia cada metro daquela rua, os habitantes das casas e os donos das lojas. Olhava para todas as direções, enquanto o coração lhe batia forte e apressado. Não conseguia ver a filha. Por que será que demorava tanto? A espera deixava inquieta a mãe. "Por que ela não telefona? Esta juventude não tem mesmo horário para voltar para casa! Os jovens de hoje ficam namorando o dia inteiro e pouco se importam com o sofrimento das mães que passam horas terríveis à espera dos filhos!" Pensamentos mil ocupavam a mente da mulher que não parou um só instante de cuidar do fogão e de arrumar a mesa.

Quando a campainha tocou, o coração parou de bater. Os três olharam para a porta. Num pulo a mulher já estava lá e a abriu num ímpeto. O casal de namorados abraçadinhos se assustou com a rapidez com que a porta se abriu. A moça foi a primeira a cumprimentar a mãe. O jovem estendeu a mão e apertou a da mulher.

– Boa noite. Como vai a senhora? – Sentia-se bem à vontade, pois era de casa. A mulher o abraçou sorrindo, depois olhou para a filha dizendo:

– Precisamos conversar antes de você entrar.

– Quem veio jantar com a senhora? – A filha estava suspeitando algo que a incomodava. – Quem é aquele senhor?

No tom com que fizera a pergunta havia uma espécie de medo.

– É uma surpresa. Você vai ficar contente com a novidade.

Puxou a filha e o namorado para a sala de espera e fez com que sentassem. A mulher estava radiante, mesmo escondendo uma certa apreensão. "Qual será a reação dela?", pensou enquanto procurava as palavras para lhe falar.

– Eu também tenho uma surpresa, mãe! Eu e o João resolvemos ficar noivos para nos casarmos o quanto antes. Demoramos por causa das alianças. Andamos pelas lojas, vimos tanta coisa, mas os preços são absurdos. Não dá para comprar muita coisa. O jeito é se contentar com as alianças e com a roupa mais simples possível.

Duas lágrimas enfeitaram as faces da mãe. Esta abraçou a filha apertando-a com força. A revelação provocara nela uma sensação de perda. Quando um filho casa, os pais têm a impressão de que estão perdendo alguma coisa. Para uma mulher que não tem marido, a sensação é, sem dúvida, pior. A mulher se recuperou imediatamente e falou brincando:

– Não me digam que estão com pressa de fugir de mim!

– Não é isso, mãe. O João conseguiu um emprego em Fortaleza. Então resolvemos adiantar o casamento a fim de ele não ir para lá sozinho. Chegou a hora de fazer a opção, pois o nosso namoro dura quatro anos. Mas qual é a sua surpresa?

A voz do homem que vinha da outra sala não lhe era nem desconhecida nem familiar. Por mais que tentasse se concentrar, a jovem não conseguia adivinhar quem era a visita que conversava com seu irmão. Estava curiosa. Um pensamento repentino a fez corar. Não conseguiu segurá-lo.

– Mãe, a senhora vai casar de novo? Quem é aquele homem? É algum amigo especial seu?

O tom era agressivo. As palavras machucavam a própria moça, mas ela não conseguia controlar-se. Grossas lágrimas percorreram suas faces, chegando até a boca. O namorado a abraçava em silêncio confiando que o contato físico pudesse confortá-la. Puxou um lenço e começou a enxugar o rosto da amada. A mãe deu uma gargalhada que ecoou na pequena sala. A ingenuidade da filha a divertiu.

— Eu, casar de novo? Que piada é essa, minha filha? Casamento é para gente nova, não para mim. O único enlace que me interessa, no momento, é o seu com o João. Como você teve essa idéia maluca, sua bobinha?

A mulher falava e ria à vontade.

— Você chegou bem perto da verdade. Ninguém lhe contou nada? — Olhou intensamente para a filha lembrando-se do telefonema da amiga que a alertara a respeito da chegada do marido. — Aquele homem, que você não viu ainda, é... seu pai. Ele voltou!

— Meu pai? O que quer de nós? Não me diga que voltou para ficar!

— O que haveria de errado se ele ficasse conosco? Afinal, sempre esperamos por sua volta, não é? Quantas vezes rezamos para que isso acontecesse! — A mãe tentou ser convincente, mas percebeu que não seria nada fácil a conversa com a filha. — Você tem de compreender que ele nunca deixou de ser seu pai, mesmo que tenha ido embora.

— Ele deixou, sim. Não se abandona uma família do jeito que ele fez. Durante tantos anos nem se lembrou de nós, nunca mandou uma carta, nem telefonou uma vez sequer para dizer que estava com saudades dos filhos. O que ele pretende agora? Que o acolhamos como um herói?

— Ele não é nenhum herói, certo — disse a mãe —, mas para voltar e nos enfrentar depois de muito silêncio, precisou de muita coragem e humildade. Nós temos de acolhê-lo bem. Agora a nossa família poderá ser novamente feliz.

— A senhora se ilude, mãe! Se ele voltou é porque não tem mais para onde ir. Com os bolsos vazios e sem amigos não lhe restava outra alternativa: fingir-se de arrependido e voltar para casa como se nada tivesse feito de errado. É assim que fazem certos homens.

— Estou estranhando a sua dureza, minha filha. Para onde está jogando o Evangelho que você explica tão bem para os seus alunos de catequese? Afinal, Jesus nos ensina a receber o filho pródigo com muito carinho.

— Esse homem não é nenhum filho pródigo. Ele é um irresponsável. Tinha dois filhos e uma esposa quando foi embora. Ele nos deixou sem se importar com nossas lágrimas e com nosso desespero. Ele não fez questão de dizer por onde andava e procurou esconder-se de nós. Se ele tivesse me encontrado alguma vez na rua, talvez nem me reconhecesse porque não me viu crescer. Ele teria uma noção de minha fisionomia? Quem sabe o que aprontou durante esses anos todos. A senhora tem uma idéia de quantas mulheres ele deve ter curtido? Talvez tenha até outros filhos que agora deixa para recompor a nossa família. Não estou gostando disso.

Voltou a chorar sacudindo o corpo todo com fortes soluços que pareciam choques elétricos. O namorado tentava acalmá-la alisando-a e falando-lhe palavras de ternura. Um cheiro de queimado invadiu a sala. A mãe saiu correndo para apagar o fogão e retornou logo em seguida. Desconfiara que a filha iria reagir duramente, mas não esperava que a raiva contra o pai fosse tão grande. No fundo, ela concordava com a filha e condenava as atitudes do marido que saíra de casa sem nenhum motivo aparente. Mas agora que ele estava ali de novo, tudo poderia voltar à normalidade. Com o tempo as feridas poderiam cicatrizar-se, e eles seriam de novo uma família feliz. Tinha certeza de que Jesus queria isso e que os ajudaria a superar o passado.

— Filha, está se sentindo melhor?

— Melhor uma ova! — A resposta surpreendeu a mulher que engoliu em seco. — Agora que estávamos indo tão bem e já tínhamos superado a humilhação da separação, aí vem ele para reabrir uma ferida que mal conseguimos fechar. Vai ver que ele estragará o meu matrimônio.

Parou um pouco, fixou a mãe de um jeito esquisito e acrescentou com maior raiva:

— Se a senhora, mãe, está precisando de um homem para curar a sua solidão, escolha alguém melhor do que esse mulherengo. Quanto a mim, não vou ficar nem um dia a mais nesta casa.

A mulher sentiu-se humilhada e agredida. Compreendia a dor da filha, mas não podia aceitar tanto cinismo e má educação. Perdeu as forças e deixou-se cair em cima da cadeira. Seu choro começou devagarinho, mas foi-se tornando convulso e intenso. Mesmo assim, a mulher conseguiu conter os gritos que subiam até a garganta. Com um fio de voz tentou uma última reação.

— Filha, não fale assim. Você está sendo injusta e dura demais comigo. Eu só vivi por você e pelo seu irmão desde que o pai nos deixou. Nunca pensei ter outro homem. Eu não preciso de um homem, estou querendo somente recompor a nossa família. Vale a pena tentar tudo de novo. Você não quer falar com seu pai? Ele errou, mas merece uma chance.

— Comigo ele não terá nenhuma chance. É muito simples para ele voltar como se estivesse chegando do serviço. Toma um banho quente, senta à mesa com a família, come à vontade, lê o jornal, liga a TV e depois deita numa cama gostosa como se fosse o melhor marido e pai do mundo. A senhora já pensou nas doenças venéreas, até mesmo na aids que ele pode trazer para dentro de casa?

A ironia era cortante. A moça não fazia nenhum esforço para medir as palavras. Também não fazia questão de evitar que a mãe sofresse. Desde que esta passou a considerar positivamente a volta do marido, a filha encarava-a como cúmplice do homem. A jovem não conseguia aceitar a perspectiva de ter de novo a sua família normal como uma coisa bonita. A raiva dominava os seus pensamentos e a tornava agressiva e intolerante.

A noite tinha chegado devagar. As cores do pôr-do-sol travavam uma luta silenciosa com a iluminação das ruas e das vitrines que aumentava progressivamente. Sairiam perdendo. Dentro de poucos minutos, ninguém mais se lembraria do céu, de sua imensidão, de suas estrelas faiscantes. Nas casas, a TV predominava como dona absoluta da vida das pessoas. Raramente alguém se aproximava das janelas para olhar para o alto e contemplar o luar com sua mágica e romântica claridade. Os dramas da vida real eram dominados pelos dramas de ficção de um aparelho de televisão. Neste procurava-se o consolo e as soluções para os problemas reais, assim a vida acabava se complicando cada vez mais.

O telefone tocou e quebrou o clima pesado de tensão que envolvia mãe e filha. Nenhuma das duas se levantou. Alguém atendeu e gritou:

— Mãe, é para a senhora.

A mulher sentiu-se momentaneamente aliviada com a interrupção da discussão. Apesar de ter ainda as lágrimas nas faces coradas, correu para atender ao telefone. A moça endireitou-se, olhou para o namorado e disse: com tom suplicante.

— Amor, leve-me embora. Não quero ficar nesta casa. Não posso mais conviver com aquele homem. Vamos embora antes que minha mãe volte. Será mais fácil para os dois se eu sumir daqui.

O rapaz calculou que de nada adiantaria contrariá-la. Os dois se puseram de pé, cataram as poucas coisas que estavam ao seu alcance e, sem fazer barulho, abandonaram a sala, apagaram as luzes e ganharam a rua. Mergulharam no movimento noturno levando consigo o peso terrível de um passado dolorido e de um futuro que nascia da dor de um fracasso familiar.

Londrina, 1994.

Apêndice II

Exortação Apostólica Familiaris Consortio

(Parágrafo 84)

e) Divorciados que contraem nova união

A experiência cotidiana mostra, infelizmente, que quem recorreu ao divórcio tem normalmente em vista a passagem a uma nova união, obviamente não com o rito religioso católico. Pois que se trata de uma praga que vai, juntamente com as outras, afetando sempre mais largamente mesmo os ambientes católicos, o problema deve ser enfrentado com urgência inadiável. Os Padres Sinodais estudaram-no expressamente. A Igreja, com efeito, instituída para conduzir à salvação todos os homens e sobretudo os batizados, não pode abandonar aqueles que – unidos pelo vínculo matrimonial sacramental – procuraram passar a novas núpcias. Por isso, esforçar-se-ão infatigavelmente por oferecer-lhes os meios de salvação.

Saibam os pastores que, por amor à verdade, estão obrigados a discernir bem as situações. Há, na realidade, diferença entre aqueles que sinceramente se esforçam por salvar o primeiro matrimônio e foram injustamente abandonados e aqueles que, por sua grave culpa, destruíram um matrimônio canonicamente válido. Há ainda aqueles que contraíram uma segunda união em vista da educação dos filhos e, às vezes, estão subjetivamente certos em consciência de que o precedente matrimônio, irreparavelmente destruído, nunca tinha sido válido.

Juntamente com o Sínodo, exorto vivamente os pastores e a inteira comunidade dos fiéis a ajudar os divorciados, procurando, com caridade solícita, que eles não se considerem separados da Igreja, podendo, e melhor devendo, enquanto batizados, participar da sua vida. Sejam exortados a ouvir a palavra de Deus, a freqüentar o sacrifício da missa, a perseverar na oração, a incrementar as obras de caridade e as iniciativas da comunidade em favor da justiça, a educar os filhos na fé cristã, a cultivar o espírito e as obras de penitência para assim implorarem, dia a dia, a graça de Deus. Reze por eles a Igreja, encoraje-os, mostre-se mãe misericordiosa e sustente-os na fé e na esperança.

A Igreja, contudo, reafirma a sua práxis, fundada na Sagrada Escritura, de não admitir à comunhão eucarística os divorciados que contraíram nova união. Não podem ser admitidos, do momento em que o seu estado e condições de vida contradizem objetivamente aquela união de amor entre Cristo e a Igreja, significada e atuada na eucaristia. Há, além disso, um outro peculiar motivo pastoral: se se admitissem estas pessoas à eucaristia, os fiéis seriam induzidos em erro e confusão acerca da doutrina da Igreja sobre a indissolubilidade do matrimônio.

A reconciliação pelo sacramento da penitência – que abriria o caminho ao sacramento eucarístico – pode ser concedida só àqueles que, arrependidos de ter violado o sinal da Aliança e da fidelidade a Cristo, estão sinceramente dispostos a uma forma de vida não mais em contradição com a indissolubilidade do matrimônio. Isto tem como conseqüência, concretamente, que, quando o homem e a mulher, por motivos sérios – quais, por exemplo, a educação dos filhos – não se podem separar, assumem a obrigação de viver em plena continência, isto é, de abster-se dos atos próprios dos cônjuges.

Igualmente, o respeito devido quer ao sacramento do matrimônio, quer aos próprios cônjuges e aos seus familiares, quer ainda à comunidade dos fiéis, proíbe os pastores, por qualquer motivo ou pretexto mesmo pastoral, de fazer, em favor dos divorciados que contraem uma nova união, cerimônia de qualquer gênero. Estas dariam a impressão de celebração de novas núpcias sacramentais válidas, e conseqüentemente induziriam em erro sobre a indissolubilidade do matrimônio contraído validamente.

Agindo de tal maneira, a Igreja professa a própria fidelidade a Cristo e à sua verdade; ao mesmo tempo comporta-se com espírito materno para com estes seus filhos, especialmente para com aqueles que, sem culpa, foram abandonados pelo legítimo cônjuge.

Com firme confiança ela vê que, mesmo aqueles que se afastaram do mandamento do Senhor e vivem agora nesse estado, poderão obter de Deus a graça da conversão e da salvação, se perseverarem na oração, na penitência e na caridade.

Apêndice III

Carta da Congregação para a Doutrina da Fé aos Bispos da Igreja Católica a respeito da recepção da Comunhão Eucarística por fiéis Divorciados novamente casados

Excelência Reverendíssima,

1. O Ano Internacional da Família é uma ocasião particularmente importante para redescobrir os testemunhos do amor e da solicitude da Igreja pela família[1] e, ao mesmo tempo, propor novamente as riquezas inestimáveis do matrimônio cristão que constitui o fundamento da família.

Situações matrimoniais irregulares

2. Neste contexto, merecem uma especial atenção as dificuldades e os sofrimentos dos fiéis que se encontram em situações matrimoniais irregulares.[2] De fato, os pastores são chamados a fazer sentir a caridade de Cristo e a materna solicitude da Igreja, acolhendo-os com amor, exortando-os a confiar na miseri-

---

1. Cf. JOÃO PAULO II, *Carta às famílias* (2 de fevereiro de 1994), n. 3.
2. Cf. JOÃO PAULO II, Exort. ap. *Familiaris consortio*, n. 79-84: AAS 74 (1982) 180-186.

córdia de Deus e, com prudência e respeito, sugerindo-lhes caminhos concretos de conversão e participação na vida da comunidade eclesial.[3]

Sugestões para a solução do problema
3. Cientes, porém, de que a compreensão autêntica e a genuína misericórdia nunca andam separadas da verdade,[4] os pastores têm o dever de recordar a estes fiéis a doutrina da Igreja a propósito da celebração dos sacramentos e em particular da recepção da eucaristia. Sobre este ponto, nos últimos anos em várias regiões foram propostas diversas soluções pastorais segundo as quais certamente não seria possível uma admissão geral dos divorciados novamente casados à comunhão eucarística, mas poderiam aproximar-se desta em determinados casos, quando segundo a sua consciência a tal se considerassem autorizados. Assim, por exemplo, quando tivessem sido abandonados de modo totalmente injusto, embora se tivessem esforçado sinceramente para salvar o matrimônio precedente ou quando estivessem convencidos da nulidade do matrimônio anterior, mesmo não podendo demonstrá-la no foro externo, ou então quando tivessem já transcorrido um longo período de reflexão e de penitência ou mesmo quando não pudessem, por motivos moralmente válidos, satisfazer a obrigação da separação.

Em alguns lugares também se propôs que, para examinar objetivamente a sua efetiva situação, os divorciados novamente casados deveriam encetar um colóquio com um sacerdote criterioso e entendido. Mas esse sacerdote teria de respeitar a

---

3. Cf. *Ibid.*, n. 84: AAS 74 (1982) 185; *Carta às famílias*, n. 5; *Catecismo da Igreja Católica*, n. 1651.
4. Cf. PAULO VI, Carta enc. *Humanae vitae*, n. 29: AAS 60 (1968) 501; JOÃO PAULO II, Exort. ap. *Reconciliatio et paenitentia*, n. 34: AAS 77 (1985) 272; Carta enc. *Veritatis splendor*, n. 95: AAS 85 (1993) 1208.

eventual decisão de consciência deles de se abeirarem da eucaristia, sem que isso implicasse uma autorização oficial.

Nestes e em semelhantes casos tratar-se-ia de uma solução pastoral tolerante e benévola para poder fazer justiça às diversas situações dos divorciados novamente casados.

A posição do Magistério

4. Mesmo sabendo-se que soluções pastorais análogas foram propostas por alguns Padres da Igreja e entraram em alguma medida também na prática, contudo elas jamais obtiveram o consenso dos Padres e de nenhum modo vieram a constituir a doutrina comum da Igreja nem a determinar a sua disciplina. Compete ao Magistério universal da Igreja, na fidelidade à Escritura e à Tradição, ensinar e interpretar autenticamente o *depositum fidei*.

Diante das às novas propostas pastorais acima mencionadas, esta Congregação considera, pois, seu dever reafirmar a doutrina e a disciplina da Igreja nessa matéria. Por fidelidade à palavra de Jesus Cristo,[5] a Igreja sustenta que não pode reconhecer como válida uma nova união, se o primeiro Matrimônio foi válido. Se os divorciados se casam civilmente, ficam numa situação objetivamente contrária à lei de Deus. Por isso, não podem aproximar-se da comunhão eucarística, enquanto persiste tal situação.[6]

Esta norma não tem, de forma alguma, um caráter punitivo ou então discriminatório para com os divorciados novamente casados, mas exprime antes uma situação objetiva que por si torna impossível o acesso à comunhão eucarística:

---

5. Mc 10,11-12: "Quem repudia sua mulher e se casa com outra, comete adultério contra a primeira. E se a mulher repudia o marido e se casa com outro, comete adultério".
6. Cf. *Catecismo da Igreja Católica*, n. 1650; cf. também n. 1640 e CONCÍLIO DE TRENTO, sess. XXIV: DSch. 1797-1812.

Não podem ser admitidos, já que o seu estado e condições de vida contradizem objetivamente aquela união de amor entre Cristo e a Igreja, significada e atuada na eucaristia. Há, além disso, um outro peculiar motivo pastoral: se se admitissem estas pessoas à eucaristia, os fiéis seriam induzidos em erro e confusão acerca da doutrina da Igreja sobre a indissolubilidade do matrimônio.[7]

Para os fiéis que permanecem em tal situação matrimonial, o acesso à comunhão eucarística é aberto unicamente pela absolvição sacramental, que pode ser dada

> só àqueles que, arrependidos de ter violado o sinal da Aliança e da fidelidade a Cristo, estão sinceramente dispostos a uma forma de vida não mais em contradição com a indissolubilidade do matrimônio. Isto tem como conseqüência, concretamente, que, quando o homem e a mulher, por motivos sérios – como, por exemplo, a educação dos filhos – não se podem separar, <u>assumem a obrigação de viver em plena continência, isto é, de abster-se dos atos próprios dos cônjuges</u>.[8]

Neste caso podem aproximar-se da comunhão eucarística, permanecendo firme, todavia, a obrigação de evitar o escândalo.

Orientação pastoral

5. A doutrina e a disciplina da Igreja sobre esta matéria foram expostas amplamente no período pós-conciliar pela Exortação Apostólica *Familiaris Consortio*. Entre outras coisas, a Exortação recorda aos pastores que, por amor da verdade, são obrigados a um cuidadoso discernimento das diversas situações e anima-os a encorajarem a participação dos divorciados novamente casados em diversos momentos da vida da Igreja. Ao mesmo tempo, reafirma a prática constante e universal, "fundada na Sagrada Escritura, de não admitir à comunhão eucarística os divorciados que contraí-

---

7. Exort. ap. *Familiaris consortio*, n. 84: AAS 74 (1982) 185-186.
8. *Ibid.*, n. 84: AAS 74 (1982) 186; cf. JOÃO PAULO II, *Homilia no encerramento do VI Sínodo dos Bispos*, n. 7: AAS 72 (1980) 1082.

ram nova união",[9] indicando os motivos da mesma. A estrutura da Exortação e o teor das suas palavras deixam entender claramente que tal prática, apresentada como vinculante, não pode ser modificada com base nas diferentes situações.

6. O fiel que convive habitualmente *more uxorio* com uma pessoa que não é a legítima esposa ou o legítimo marido não pode receber a comunhão eucarística. Caso aquele o considerasse possível, os pastores e os confessores – dada a gravidade da matéria e as exigências do bem espiritual da pessoa[10] e do bem comum da Igreja – têm o grave dever de adverti-lo que tal juízo de consciência está em evidente contraste com a doutrina da Igreja.[11] Devem também recordar esta doutrina no ensinamento a todos os fiéis que lhes estão confiados.

Isso não significa que a Igreja não tenha a peito a situação desses fiéis que, aliás, de fato não estão excluídos da comunhão eclesial. Preocupa-se por acompanhá-los pastoralmente e convidá-los a participar na vida eclesial na medida em que isso seja compatível com as disposições do direito divino, sobre as quais a Igreja não possui qualquer poder de dispensa.[12] Por outro lado, é necessário esclarecer os fiéis interessados para que não considerem sua participação na vida da Igreja reduzida exclusivamente à questão da recepção da eucaristia. Os fiéis hão de ser ajudados a aprofundar sua compreensão do valor da participação no sacrifício de Cristo na Missa, da comunhão espiritual,[13] da

---

9. Exort. ap. *Familiaris consortio*, n. 84: AAS 74 (1982) 185.
10. Cf. 1 Cor 11,27-29.
11. Cf. *Código de Direito Canônico*, cân. 978 §2.
12. Cf. *Catecismo da Igreja Católica*, n. 1640.
13. Cf. CONGREGAÇÃO PARA A DOUTRINA DA FÉ, *Carta aos Bispos da Igreja Católica sobre algumas questões respeitantes ao Ministro da Eucaristia*, III/4: AAS 75 (1983) 1007; SANTA TERESA DE ÁVILA, *Caminho de perfeição*, 35,1; SANTO AFONSO MARIA DE LIGÓRIO, *Visitas ao Santíssimo Sacramento e a Maria Santíssima*.

oração, da meditação da palavra de Deus, das obras de caridade e de justiça.[14]

Decisão da consciência pessoal?

7. A convicção errada de poder um divorciado novamente casado receber a comunhão eucarística pressupõe normalmente que se atribui à consciência pessoal o poder de decidir, em última instância, com base na própria convicção,[15] sobre a existência ou não do matrimônio anterior e do valor da nova união. Mas tal atribuição é inadmissível.[16] Efetivamente o matrimônio, enquanto imagem da união esponsal entre Cristo e a sua Igreja, núcleo de base e fator importante na vida da sociedade civil, constitui essencialmente uma realidade pública.

8. Certamente é verdade que o juízo sobre as próprias disposições para o acesso à eucaristia deve ser formulado pela consciência moral adequadamente formada. Mas, é igualmente verdade que o consentimento, pelo qual é constituído o matrimônio, não é uma simples decisão privada, visto que cria para cada um dos esposos e para o casal uma situação especificamente eclesial e social. Portanto o juízo da consciência sobre a própria situação matrimonial não diz respeito apenas a uma relação imediata entre o homem e Deus, como se se pudesse prescindir daquela mediação eclesial, que inclui também as leis canônicas que obrigam em consciência. Não reconhecer esse aspecto essencial significaria negar, de fato, que o matrimônio existe como realidade da Igreja, quer dizer, como sacramento.

---

14. Cf. Exort. ap. *Familiaris consortio*, n. 84: AAS 74 (1982) 185.
15. Cf. Carta enc. *Veritatis splendor*, n. 55: AAS 85 (1993) 1178.
16. Cf. Código de Direito Canônico, cân. 1085 §2.

9. De outra parte, a Exortação Apostólica *Familiaris Consortio*, quando convida os pastores a distinguir bem as várias situações dos divorciados novamente casados, recorda também o caso daqueles que estão subjetivamente certos em consciência que o matrimônio anterior, irremediavelmente destruído, jamais fora válido.[17] Deve-se certamente discernir, por meio da via de foro externo estabelecida pela Igreja, se objetivamente existe tal nulidade do matrimônio. A disciplina da Igreja, enquanto confirma a competência exclusiva dos tribunais eclesiásticos no exame da validade do matrimônio dos católicos, oferece agora novos caminhos para demonstrar a nulidade do matrimônio precedente, procurando assim excluir, quanto possível, qualquer distância entre a verdade verificável no processo e a verdade objetiva conhecida pela reta consciência.[18]

Igreja corpo de Cristo

Ater-se ao juízo da Igreja e observar a disciplina vigente acerca da obrigatoriedade da forma canônica como condição necessária para a validade dos matrimônios dos católicos, é o que verdadeiramente aproveita ao bem espiritual dos fiéis interessados. Com efeito, a Igreja é o Corpo de Cristo, e viver a comunhão eclesial é viver no Corpo de Cristo e nutrir-se do Corpo de Cristo. Ao receber o sacramento da eucaristia, a comunhão com Cristo Cabeça não pode jamais ser separada da comunhão com seus membros, isto é, com sua Igreja. Por isso, o sacramento da nossa união com Cristo é também o sacramento da unidade da Igreja. Receber a comunhão eucarística em contraste com a comunhão eclesial é, pois, algo de contra-

---

17. Cf. *Familiaris consortio*, n. 84: AAS 74 (1982) 185.
18. Cf. os cânones 1536 §2 e 1679 do *Código de Direito Canônico*, e os cânones 1217 §2 e 1365 do *Código dos Cânones das Igrejas Orientais* acerca da força probatória das declarações das partes em tais processos.

ditório em si mesmo. A comunhão sacramental com Cristo inclui e pressupõe a observância, mesmo que às vezes possa ser difícil, das exigências da comunhão eclesial, e não pode ser justa e frutífera se o fiel, mesmo querendo aproximar-se diretamente de Cristo, não observa essas exigências.

Nenhuma discriminação
10. Em harmonia com o que ficou dito até agora, há que realizar plenamente o desejo expresso pelo Sínodo dos Bispos, assumido pelo Santo Padre o papa João Paulo II e atuado com empenhamento e com louváveis iniciativas por parte de bispos, sacerdotes, religiosos e fiéis leigos: com solícita caridade, fazer tudo quanto possa fortificar no amor de Cristo e da Igreja os fiéis que se encontram em situação matrimonial irregular. Só assim será possível para eles acolherem plenamente a mensagem do matrimônio cristão e suportarem na fé o sofrimento da sua situação. Na ação pastoral, dever-se-á realizar todo o esforço para que seja bem compreendido que não se trata de nenhuma discriminação, mas apenas de fidelidade absoluta à vontade de Cristo que restabeleceu e de novo nos confiou a indissolubilidade do matrimônio como dom do Criador. Será necessário que os pastores e a comunidade dos fiéis sofram e amem, unidos às pessoas interessadas, para que possam reconhecer também no seu fardo o jugo suave e o fardo leve de Jesus.[19] O seu fardo não é suave e leve enquanto pequeno ou insignificante, mas *torna-se* leve porque o Senhor – e juntamente com Ele toda a Igreja – o compartilha. É dever da ação pastoral, que há de ser desempenhada com total dedicação, oferecer esta ajuda fundada conjuntamente na verdade e no amor.

Unidos no compromisso colegial de fazer resplandecer a verdade de Jesus Cristo na vida e na prática da Igreja, tenho o

---

19. Cf. Mt 11,30.

prazer de me professar de Vossa Excelência Reverendíssima devotíssimo em Cristo,

> Josef Card. Ratzinger
> *Prefeito*
> Alberto Bovone
> *Arcebispo tit. de Cesaréia de Numídia*
> *Secretário*

O Sumo Pontífice João Paulo II, no decorrer da Audiência concedida ao Cardeal Prefeito, aprovou a presente carta, decidida na reunião ordinária desta Congregação e ordenou a sua publicação.

Roma, da Sede da Congregação para a Doutrina da Fé, 14 de setembro de 1994, na Festa da Exaltação da Santa Cruz.

APÊNDICE IV

A IGREJA CONTINUA SENDO MÃE?
(Documento da Conferência Episcopal italiana) *

A posição da Igreja que não admite os divorciados recasados aos Sacramentos da Reconciliação e da Comunhão eucarística levanta algumas dificuldades entre os próprios fiéis.

Na realidade, a Igreja é Mãe dos cristãos somente se e na medida em que permanece esposa virgem do Cristo, quer dizer, fiel à sua palavra e ao seu mandamento: o amor da Igreja pelas almas só pode ser concebido como fruto e sinal de seu amor pelo Cristo, seu Esposo e Senhor.

A não-admissão dos divorciados recasados aos Sacramentos não significa nenhuma punição, mas somente um amor que quer permanecer autêntico porque inseparavelmente ligado com a verdade.

A Igreja não pode enganar os divorciados recasados, tratando-os como se não se encontrassem numa real situação de desordem moral.

Além disso, a atitude misericordiosa da Igreja por causa de sua fidelidade a Cristo deve permanecer dentro dos limites dos poderes por Ele confiados.

---

* Tirado de: CEI – Commissioni episcopali per la famiglia e per la dottrina della fede, *La pastorale dei divorziati risposati e di quanti vivono in situazioni irregolari e difficili*, n. 30-33, Edizioni OR, Milano, 1979. O texto apareceu na edição italiana de L'Osservatore romano de 28 de abril de 1979. Tradução nossa.

Assim também, a Igreja não pode enganar os fiéis e trair a própria missão de evangelização e de salvação: com uma praxe que unisse na celebração sacramental cônjuges legítimos e divorciados recasados, muitos não compreenderiam mais o motivo pelo qual o divórcio é um mal, e assim a situação do batizado que conseguiu o divórcio e passou a novas núpcias civis, passaria a ser considerada admissível e lícita. Se a Igreja, na celebração dos Sacramentos, tratasse os divorciados como todos os demais, poder-se-ia dizer ainda que ela leva a sério o mandamento do Senhor a respeito do matrimônio indissolúvel?

A Igreja sofre tanto quanto e até mais do que os próprios filhos que estão em situação irregular: ela confia que este sofrimento de todos, enquanto conserva limpo o caminho indicado pelo Evangelho, torna-se força espiritual capaz de sustentar outros irmãos na fé nos momentos de crise, para que não caiam na tentação de recorrer ao divórcio e de realizar o matrimônio civil.

Assim, uma ação pastoral fiel ao Evangelho, assumida responsavelmente por todos os cristãos e em particular co-dividida unanimemente pelos sacerdotes, não pode deixar de ajudar aqueles que buscam com coração livre a verdade e reconhecer na posição da Igreja o luminoso e corajoso testemunho de seu amor indivisível por Cristo e pelos cristãos.